「捨てる」と、お金も時間も貯まる

家事に絶望する私を救うミニマルな暮らし

森 秋子

角川文庫
24079

はじめに

はじめまして。森秋子と申します。

私は今38歳です。地方の新興住宅地で育ち、大学進学をきっかけに東京で一人暮らしを始め、そのまま就職、結婚。都内の中古マンションで、家族3人と猫、カメとともに暮らしています。

「ミニマリスト」という言葉に、どんなイメージを持ちますか？

「節約」「我慢」「無欲」

などでしょうか。

「やせ我慢」「極限状態」

をイメージする方もいるかと思います。

私も周りの方から、物欲を抑えてつつましく生活する、無欲な仙人のようだ、と思われることも多いのです。

でも実のところ、私がミニマリスト生活を始めたのは、手に入れたいものがたくさんあるからです。

「お金」「きれいな空間」「清潔な服」「自分の時間」「健康的な肌」「心地よい人間関係」「豊かさを感じる休日」……。

ここには書ききれないほどのたくさんの欲望が、私には溢れています。

以前の私は、働いたお金と時間をつぎ込んで、しゃかりきに買い続けてきました。ボーナスでたくさん海外旅行に行き、休日は混み合った街に出かけていました。

私は手に入れたもので豊かになるはずでした。

しかし、家にはものが溢れ、掃除や片付けに追われ、またすぐ散らかる。たくさんの服があるのにどれを着ても満足できず、食べきれない食材を買っては捨てる日々。「収納が足りない」「もう少しスペースがあれば」……そんなことをいつも考えていました。

みんな幸せそうに見えるけれど、書店に行くと、捨て方本や片付け本が数えきれないほど並んでいます。

私のように、自分の暮らしにしっくりしない気持ちを持つ人が、多いからです。

私の場合、「買うことをやめよう」「ものを捨てよう」と、ある日突然一大決心して始めたわけではありません。

本当に欲しいもの、自分にとっての豊かな生活を手に入れるために、それまで「必要」と思い込んでいたものを少しずつ「やめる」ことを選択するようになりました。

いろいろと悩んでいると、「何かを手に入れること」で、ものごとが解決する気がするのですが、実際は手放すほうが解決に近づきます。

それを実践してみると、驚くほど快適だったのです。

ミニマリストとひと言で言ってもいろんな方がいます。何もないガランとした部屋で、寝袋で寝たりして暮らすミニマリストの方も素敵です。あれもない、これもないとジタバタしている人よりも「大丈夫、なくてもいける！」と言える姿はかっこいいからです。

そんな「持たない」ことを目的にしている、徹底したミニマリストの方に比べると、私の生活はそこまでミニマルではありません。

ピアノを置いたり、猫がいたり、マンションの方が「どなたかどうぞ」とエントランスに置いたのをいただいてきた鉢植えもあります。

私は自分の欲望に忠実な脱力系ミニマリストです。

ものの少ない丁寧な暮らしとか、家事をラクにするといった美しい側面もありますが、私の場合には激しい「欲望」が根底にあります。貯金と自由時間を増やしたい、そして自然の美しさや愛をむさぼりたいのです。


「毎日する買い物」をやめたら、貯金は驚くほど増えました。

電子レンジをやめたら、食事が健康的になりました。

掃除機をやめ、ほうきと雑巾にしたら、家が輝きました。

体を毎日ボディソープで洗わなくなったら、肌がきれいになりました。


「買わない」「やめる」選択をし続けることで、私は着実に欲しいものが手に入るようになりました。今のところぐんぐんと幸せに近づいています。

2017年4月1日　森　秋子

これ、本当に必要？

私がミニマリストになりたいと思ったきっかけは子育てでした。一度は会社を辞めたのですが、外の世界から隔離されているようで、もう一度働かないと心が病むかもしれないと焦り、子どもが1歳の時に医療系の資格がとれる専門学校に入りました。

実際に入ってみると、専門学校は週に6日通うことも多く、2年間で資格をとるための実習、授業で、私のスケジュールはぎっしり埋まってしまいました。

その頃の生活は地獄です。部屋のなかは、雑貨、家具、食器の他に、たくさんの子どものおもちゃやベビーグッズも加わり、さらにカオスと化していました。

睡眠不足でいつも体調が悪く、子育てもうまくいっているのかわからないまま、無我夢中で走り回る日々。いつも忙しく、夫婦間の争いも絶えませんでした。

「やってもやっても、終わらない」

「大変なのに、だれにも感謝されない」

「子育ては、終わらないマラソンだ」

など、勝手にネガティブスローガンを掲げて、世の中を恨みながら暮らし、鬱々とイラついてばかりの自分に自己嫌悪も感じていました。

忙しすぎて着替えることすら大変な日々。私は夫の反対を押し切って、次の日に着る服を、子どもに着せて寝かせ、自分も次の日に着る服を着て寝るようになりました。次の日は、布団から出てすぐに出かけられるというシステムです。

そして、冬はお風呂に入るのを1日おきにしました。私と子どもが風邪を引くと死活問題だったからです。

夫とケンカをしながらそんな極限生活を続けていると、**不思議と子どもの肌、自分の肌がきれいになってきたのです。**それまでは、毎日ボディソープとスポンジで、丁寧に洗うことを繰り返していました。そのせいで、私と子どもの肌はひどく乾燥していたのです。肌の調子が良くなったことが嬉しくて、スポンジをやめて手で洗うようになると、肌がさらに乾燥しなくなり、入浴剤も保湿クリームもいらなくなりました。

この経験を通して、私は疑い深くなりました。

本当にこれは必要？　本当にこれは便利？

心のなかで自問しながら買い物をするようになりました。

すると**私の日常には「本当は必要ない」ものだらけであることに気がつきました。**

1、2回使うと飽きて使わなくなる便利グッズ。増え続けていた雑貨は、ほこりをのせています。お弁当箱も目新しいものを見つけると購入していましたが、結局使うのはひとつです。**ものを持つことが幸せに直結するわけではない、むしろ不幸に直結していた……と実感できたおかげで、日々の生活で「選ぶ」「やめる」ことが少しずつできるようになったのです。**

大切なものに気づけた「ママ、大事」

こうして、ミニマリスト黎明期を迎えたものの、子どものおもちゃやベビーグッズの類は部屋に溢れ、洋服などの買い物もまだまだしていました。**ストレスを解消するために買い、その買い物がまた片付かない部屋を生み出し、新たなストレスになっていました。**

子どもは好奇心旺盛で、2歳ぐらいになると、家のなかのいろいろなものをやたらと触るようになります。私は、子育てと資格取得の勉強に追われて、片付けができず、ずっとイライラしていました。子どもは価値があるなしの区別なく、なんでも触り、ときには壊すこともあります。そのたびにイライラはさらに募りました。

そのうち私は、子どもが大事なものを触ろうとすると、必ず「これ、大事」と注意して回るようになりました。しかし、好奇心旺盛な子どもが触ることをやめるわけはなく、注意するほどに私は疲弊していきました。

ある日の夜、布団のなかで、子どもが私をじっと見ていました。

そして私に言いました。

「ママ、大事」

私は、心の底から驚きました。

小さな子どもが「大事」という言葉を私よりも正しく使っている……。

本当に何が大事なのか、自分のほうがわかっていなかったのだとその時に悟ったのです。

これをきっかけに、私ははっきりと「ミニマリストになりたい」と変わっていくことができました。手当たり次第に、家にある特に大事でもなかった雑貨、ものを手放していきました。部屋からものがなくなると、生活が変わります。

いろいろ触って注意されていた子どもも、何もない床でのびのび風船を追いかけたり、父親と走り回ったりすることができるようになり、それまでよりもずっと大きく輝いて見えました。

震災をきっかけに自分を見直す

その頃、2011年の東日本大震災が起きました。

休日にショッピングモールに電車で出かけるのが怖くなり、仕方なく近所の公園に子どもを連れて行くようになりました。最初のうちはベンチにただ座って「時間がこんなにも長くて退屈だなんて」と思うばかりです。

そのうち公園ではシロツメクサが咲き出しました。小さな頃、指輪や腕輪を作ったな、と何気なくシロツメクサの香りをかいでみたら、花屋のバラの香りとも、高価なアロマオイルの香りとも違う、粗野（そや）で素朴な懐かしい香りがして、本当に驚きました。

そんな風に、幼い頃に見ていたものと再会していくうちに、**人工的なイルミネーションは星の光の瞬（またた）きにはかなわないこと、木の実に比べたら、雑貨のまとう空気はとても安っぽく思えること**などに気がつきました。

同時に震災では、緊急時には電気が使えなくなることもテレビで目の当たりにしました。

電子レンジ、炊飯器、空調、冷蔵庫、照明……あらゆるものが電気で動いていることに気づき、頼る電化製品をひとつ減らすごとに不安がひとつ減る。こうしてさらにものがどんどん減っていくことになります。

不安な気持ちがきっかけでしたが、生活を見直してみると、「小鳥のように明るくなったら起きて暗くなったら寝ればよい」とか、「寒い時は歩く、着る」「洗濯は必要最低限。毎日洗わず、汚れたら洗えばよい」「旬の果物、野菜、切っただけで食べられるものはこんなにある」など、新しい発見がありました。

こうして私は、様々なことをきっかけにして少しずつものを減らし、シンプルな暮らしを手に入れることができたのです。

たくさんのものを手放してわかったことは、なりたい自分になりたくて買ったはずのものに、自分が縛られていたことでした。

これから、私自身がやって良かったこと、幸せを感じたことを具体的にご紹介します。**ルールもありません。どこからでも、やりたいところ、やれそうなところから始めてみてください。**

大丈夫です。ものに振り回されない人生は、必ず手に入れることができます。

目次

第1章　片付けは恋愛と似ている

――捨てられない本当の理由は自分のなかにある

捨てたいな……と思っているうちは捨てられない

自分の欲望に忠実に！
その欲望が
ものを手放す原動力になってくれます。
何を捨てて、何を捨てないか、
決めるのは自分しかできません。

捨てると人生が変わる、自分が変わる、素敵なことが起こる……などと言われます。狭いと思っていた部屋が広々と輝き、片付けなくても散らからない。家事から解放され、散らかっていない空間で気持ち良く過ごせる。ものが減ると、必ずこれを実感できます。もしあなたが、日々のハウスキーピングにうんざりしているなら、**片付けや収納テクニックを磨くよりも、捨てるほうがずっと効果的**です。

なのになぜ捨てられないのでしょう？

世の中の人は、「ものをどんどん捨てられる人」と「ものをなかなか捨てられない人」の2種類に分けられると思います。そしてこの本を読んでくださっている方は「捨てられない人」なのではないでしょうか。

私もそうでした。使わないものを「いつか使うかも」と大切にしまい込み、捨てたいとは思っても、実際には手放すことができないでいました。

捨てたほうが幸せになれる気がする。それなのに「使いにくいけど、デザインが気に入ってる」「もしかしたらまた使うかも」「ないよりはあったほうがいいよね」などのいろいろな理由をつけて、結局捨てることができない。

これってなんだかマンネリの恋愛に似ています。別れたほうがいいかも……と薄々わかっているのに、なかなか別れられない恋人のようです。

一度自分が所有したものを手放すという行為は、思っている以上に心を傷つけるのだと思います。特に「ものをなかなか捨てられない人」にとっては。

人はものにも「縛られる」のです。

ものとお別れするには、自分が思っている以上にエネルギーが必要です。物理的というより、気持ちの面でのエネルギーです。そう、「煮えたぎるような思い」が必要なのです。

具体的には、ものを捨てるための「目標」が必要になってきます。

この目標は、なるべくわがままに、自分目線で設定することが大切です。

「だれかのため」にしてしまうと目的がぼやけて見えなくなって、ものを手放すことができません。

皆さんも自分の欲望に忠実に、できるだけ貪欲に考えてみてください。

たとえば私の場合はこんな感じです。

「ものをなくして、お金をガンガン貯めてやる」

「とにかく家事の時間を減らしたい。趣味の時間を増やすんだ」

「あいつが遊びに来た時に素敵な部屋だと思わせてやる」

これくらい泥臭い目標です。

開き直って、本音で設定するのがコツです。

捨てたいな、と「なんとなく」思っているうちは、なかなかものは減りません。

一番最初に捨てるもの

まずは何から捨てる？
失敗しない順番は？
絶対に正解というものはありません。
私が手放した順番はこんな感じです。

◯小さなもので捨てる決断の練習をする

私が最初に捨てたものは、子どものおもちゃです。**おもちゃが最初だったのは偶然ですが、とても良かったと思います。「捨てる決断」がしやすいものだった**からです。子どもが興味を示さなくなったものが「いらない」もの。「もう最近は遊んでいないな」「これは大切にしているな」という判断がしやすかったのです。

特に**捨てることに慣れない最初のうちは「捨てる決断の練習」が必要です。**

おもちゃ以外なら、賞味期限などで「捨てる」判断がしやすい、調味料やストック食材なども、良い練習になります。

○家電を捨てるとライフスタイルが変わる

次は炊飯器、電子レンジ、掃除機などを手放していきました。

家電は生活を便利にする目的のものが多いので、**捨てるとライフスタイルが大きく変わります。**家電を手放すと家事が増えるかもしれないと思っていましたが、むしろ家事の時間は減りました。現代の生活ではなくなると困る、と真っ先に思うもののひとつですが、だからこそ、なくても大丈夫だと、大きな自信と自由を得られます。

これについては第5章で詳しく書いています。

○洋服は循環させる方法を身につける

その次が洋服です。体のラインの変化で、それまで好きだった服がしっくりこなくなったことがきっかけでした。捨てては買ってを繰り返した、「服迷子」の時期もありました。服はトレンド、体型、好み、季節など、様々な要素が複雑に絡まるので、**捨てておしまいというより「循環させる方法」を身につける**ほうが、うまくいきます。

第3章で詳しく紹介しています。

○収納を手放すと片付けが加速する

最後に手放したのが収納です。この頃には手放すメリットを、時間でもお金でも心でも実感できていたので、どんどん手放せました。食器棚、カラーボックス、隙間収納……手放すごとに、空間が輝き、掃除・片付けが劇的に楽になりました。**家事の時間が一番減った**のがこの時です。本章の後半に詳しく書きます。少々荒技ですが、収納を手放すことは、ものを減らすにはとても有効です。

もちろん、この順番どおりにする必要はないと思います。捨てる練習から始めるか、ライフスタイルの変革から始めるか、とにかくものを早く減らしたいか、目的に応じてでもいいと思います。

コツがあるとしたら、絶対に失敗したくない、と思うとなかなか捨てられなくなるので、失敗してもいい、くらいの気持ちで気軽に始めてみるほうが、結果うまくいきます。

捨てられない服と、会話してみる

服と会話すると言うと
ちょっと（かなり？）怪しいですが
思った以上に効果絶大です。
試してみて、損はありません。

日常生活で、一番増えがちなものは洋服だと思います。

私の洋服が人生で一番多かったのは、ショッピングセンターの近くに住んでいた頃です。暇つぶしがショッピングになっていたせいで、タンスにぎっしり洋服が入っていました。ぎゅうぎゅうに詰め込んでいたので、たたんでいてもシワがよって、手入れしきれずに清潔からどんどん遠ざかっていました。

たくさん洋服があっても、満足できない。

外に着ていってもイマイチだなと思いながら過ごしていました。

不思議なのが、イマイチと思ってほとんど着ていない服でも、いざ捨てる時になるとなかなか決断できないことです。

「大切なものか」「必要なものか」「似合うか、似合わないか」をいちいち考えて、迷って疲れてしまいます。

捨てることが得意ではない人は、罪悪感を抱くこともあります。

そんな時は「共感」「謝罪」「感謝」など、人間界の様々な感情を織り交ぜて服と会話するとうまくいきます。

その方法はこんな感じです。

まずは迷っている服を手に取り、服のつもりでセリフを考えます。

「お前、いつまでワタシをこの真っ暗な空間に封印しておくつもりなの」

服が相当怒っています。

私は「次の春には着るつもりだよ」と言ってみます。

でも服は「去年もそう言ったよ、有言不実行だね」「言いわけばかりうまくなって」など、バシーンと返してきます。

こうして服と会話することで、自分のずるさや弱さと向き合うことになります。

ぜひ皆さんもやってみてください。おもしろいことに、服のキャラクターや設定を変えて、会話を何パターンか試してみても、だいたい同じような感じの展開になります。

そうすると「ごめんなさい。すべて私の甘えでした」と、いさぎよく反省し、手放すことができます（もちろん、服以外にもこの会話テクは使えます）。

服は1枚買ったら1枚捨てる、という方法が定番ですが、これは意外と失敗します。「1枚くらい、いいよね」と結局捨てられなくなるからです。

服を買いたいと思ったら、買い物に行く「前」に手放すようにします。

手放す時に、自然と手持ちの服を見直すことにもなるので、「同じようなものを持っていた」「どれとも合わない服をつい買ってしまった」などの買い物の失敗も減ります。もったいなくて使えなかったものを使ってみようかと思えることもあります。

服はすぐにタンスの肥やしになるので、買いたいと思った時に、こまめに総点検して循環を良く保つのがポイントです。

食器を買いたい時も、まず手放してから購入します。

まず食器を全部だして一番良いものから並べます。そして良いものから普段使いにして残りを手放すのです。タッパーなどの食品保存容器やお皿セットなど、いただきものを手放すテクとしては、**箱を開けてしまうと手放せなくなるので、「開けずに（リサイクルショップに）持っていく」**ことがとても有効です。

本は**迷ったらベストセラーから手放す**と決めるとラクです。ベストセラーなら図書館に置いてあり、いつでも読めるからです。図書館はみんなの書庫ですから、大いに活用するほうがおトクです（第6章で詳しく紹介します）。

もっと熱い欲望を持って捨てまくりたい時には、**「生きるか死ぬか」**を基準にして手放します。**「これがないと私は死ぬだろうか」**と思うと、たいてい何もいらないと気づけます。ものすごい「捨て」効果を持つ呪文です。

捨てられない時に試してみてください。

捨てにくいものを手放すコツ

捨てるものがまだ使えそうだと思ったら
リサイクルショップに持っていきます。
ものを自分よりも生かしてくれる人に
バトンタッチするのです。

「捨てる」ことに罪悪感を感じる時には、**ゴミとして捨てる以外の手放す手段**を調べてみましょう。具体的にはリサイクルショップなどです。**お金よりも、だれかが使ってくれると思うと、気持ちが楽になる効果が大きいと思います。**

近くにリサイクルショップがないという人でも、個人が中古のものを簡単に売買できるアプリも増えてきました。ネットで検索すれば、服をまとめて宅配便で引き取ってくれるリサイクル業者もあります。

自分が使いやすいほうを選ぶと続けやすいと思います。

お店によって取り扱う商品のジャンルは様々ですが、服、皿、家具、家電、雑貨など、いろんなものを受け付けてくれます。「捨てる」「手放す」ことが目的なのですから、買取金額にはあまりこだわらないほうが気持ち良く使えます。

〝きれいな状態で使っていないもの〟。これが一番手放し甲斐があります。ぜひリサイクルショップに持っていってください。「私のもとでは幸せにできないけど、他の人のところでは幸せになれるよ」……という気持ちで送り出せます。

持ち込んでみると新品の時は10万円以上した一眼レフカメラが、たったの７００円だったりします。そんなに安いのか……とショックを受けたとしても、それを糧に、次の買い物行動が磨かれればいいのです。

傷んでいて売れない服は、地域の古布回収箱へ入れます。「服型雑巾」として掃除にも使えます。ゴミ袋にまとめて簡単に捨てるのもいいですが、こうしてひとつひとつ手間をかけて捨てると、捨てることにも労力が必要だと実感できます。

面倒ですが、この小さな積み重ねが少しずつものに対する意識を変え、長い目で見るとミニマルに暮らす助けになってくれます。

収納＝「カオス箱」。捨てると片付けが加速する

私の家には「隙間」があったはずなのに
いつの間になくしてしまったのでしょう。
不思議な「隙間」はいつの間にか
収納家具に乗っ取られてしまいました。
収納家具に別れを告げて
私はもう一度素敵な「隙間」を手に入れました。

もっと本気で片付けたい、きれいな空間を手に入れたいと思う方には、荒技をおすすめします。収納から捨てるのです。**収納から手放すと片付けは一気に加速します。**

洋服ダンス、食器棚、カラーボックス、隙間収納といった「カオス箱」を手当たり次第に手放すことで、私の家はぐんぐんと輝き始めました。

ものが多いから収納が足りないと思って、収納を増やすとドツボにはまります。「収納家具」という文字を見ると、真面目で便利そうな印象を持ちますが、実際に使

ってみると収納はカオスを生む場所になりがちです。私は**「カオス箱」**と呼んでいます。

カオス箱は、なければないほど快適になります。特に「いろいろ入る」収納は、中はたいていカオスです。押し入れは奥のほうに何が入っているかすぐにわからなくなりますよね。棚もいろいろ入れる棚なら「カオス棚」です。

「収納がたくさんある家」は「カオスがたくさんある微妙な家」でもあるのです。**隙間収納も手放すと空間が輝きます。**私も使っていましたが、隙間収納の寸法は使いづらく、結局手間が増えました。隙間収納の壁面も中も、手入れが行き届かずに汚れ、ほこりも溜まりました。

隙間がない空間は無駄がないようですが、息が詰まります。「隙間は隙間として、そのかわいらしい存在を認める」くらいのほうが良いと思います。絵本でも、妖精や小人は隙間から出てきます。美しい小さな隙間は神秘です。

一番手放して良かったものは食器棚でした。猫を飼った時にリサイクルショップに引き取ってもらいました。かわいい飾りがついたお気に入りでしたが、猫がひっかきそうで、手放す決心ができました。お気に入りを手放した時に、一緒に重荷のようなものもなくなった気がしました。

収納を捨てると、**ものを一度に取り出して並べる**ことになります。住処(すみか)をなくしたものたちが部屋のなかに露(あら)わとなった時は、たじろぎ、めまいを覚えますが、ものの取捨選択の必要性にいやおうなく迫られるのが良いところです。

同じような形や色のものを発掘して「2つはいらない」とすんなり捨てられたり、存在そのものを忘れていたものもたくさん見つかります。もちろん即捨てます。

私も、収納家具に封印され、忘れていたものを整理し、ひとつひとつ「これはここに入れよう」とお引越しさせるうちに、マンションに備え付けの収納スペースにほとんどのものを納めることができました。

やめて後悔したものはひとつもなく、「足りていた」のに「足りない」気がしていただけだと気づきました。

収納家具がなくなると生活動線は格段にスムーズになります。子どもが遊べるスペースも増え、風が通るようになり、空気が清々しく感じられます。

ものを持つことよりも、ものがないほうが贅沢だなと、実感できる瞬間です。

手放せない時は不安な時

収納家具を捨てた頃から、自分がとても満たされていると感じるようになりました。お客さまが来ても、片付ける必要はありません。ものがないことでフットワークが軽くなり、自信がみなぎってくる感じです。

ものが十分あるのに増やしてしまう。手放すのがイヤだったり、溜め込みたくなったりする時は自分の不安や自信のなさと直結していると感じています。

まずはなくても大丈夫、溜め込まなくてもやっていけることがわかれば安心できます。

ものが多いことが安心につながっているのなら、そのままでもいいと思います。でも、ものを増やしても安心が得られていないなら、行動を変えてみればいいのです。

自分にとって気持ちの良い、風の通る空間で暮らすか、ぎっしりした空間で暮らすかは自分で選んで決めることだと思います。

自分のもの以外の「家族のもの」はなかなか難しい問題です。

私も、家族のものを勝手に捨てて怒られたことがあります。

土下座で謝る覚悟でやる、片付けのマニュアル本を読ませるなど、やり方はいろいろですが、**自分のもの以外は「少しずつ侵略する」**ほうがおすすめです。

たとえば夫は絶対に本は捨てられないと言うので、本棚は好きに使ってもらいます。

でも本棚からは、はみ出さないように管理してもらいます。

片付けという作業は急ぐと破壊力もすさまじいものがあります。

互いにだましだまし、美しいビジョンをチラ見せしながら、少しずつ侵略して、ものがない領地を増やしていくのが今の私のやり方です。

第2章 「毎日する買い物」をやめたらお金が貯まる

——買い物欲を手放してお金が貯まる習慣

カウントしない買い物を減らす

お店に入らないと
自由な時間が増えて
お金も増えるので快感です。
やめられません。
お店を通り過ぎ、仕事からまっすぐ家に帰ります。

この章では、具体的な「買わない」方法をお伝えします。買わないというより、欲望をなだめ、お金と上手に付き合う方法です。

ミニマリストになる前の私は「迷える貯金うさぎ」でした。大切なのはお金じゃない、という気持ちと、お金がないと豊かに暮らせないという気持ちの間で揺れていました。貯金しているはずなのに、あまりお金は貯まりませんでした。

その頃は休日になると家族で大きなショッピングモールに出かけて1日を過ごして

いました。単純に遊びのレパートリーが少なく、ものを買う、カフェに入る、トレンドに上がっている人気店へ行く……など消費することばかりがストレス発散で、本当は楽しいと感じていなくても、他に遊ぶところが思いつかずに行っていました。

1軒のお店で使うのはたいした金額ではありません。だから余計に危機感がありません。すみからすみまでショッピングモールを走り回るうちに、「貯金うさぎ」は頭がボーッとし、何が欲しいか、欲しくないのか、わからなくなっていきます。

そうしてわずかなたくわえは、どんどん減っていきました。

――なんて恐ろしい話でしょう（私の実話です）。

どうしてこんなことが起きるのでしょう。

自分の意思が弱いから？　ものを見極める目が足りないから？

そうではないと思います。

お店は買わせるテクニック満載の場所だからです。これを買うと幸せになれますよ、と、いろんな方法でアピールしてきます。ＰＯＰや商品の並べ方など、欲望をぐらぐらと刺激する技術が集約されている場所なのです。

特に便利グッズ、プラスチック製品、洋服類。必需品ではないけれど買いやすいも

のの時は、注意が必要です。ショッピングモール、100円ショップ、コンビニも危険なスポットです。

100均の買い物は1回に使う金額が少ないので、たいした出費ではないと気がゆるみがちですが、この金額が少ない**「カウントしない買い物」**が要注意なのです。この「カウントしない買い物」をする習慣が身につくと、買うことに関して無感覚になって、出費が増える原因になります。

お店は買わせるプロ。素人（しろうと）がプロと戦っても、負けることは目に見えています。

だったら、最初から戦わないほうを選びます。

無駄使いをやめたいなら、お店には入らない。

これが一番簡単でストレスが溜まらない方法です。

週に1日の「0円の日」を習慣に

0円の1日は
買い物以外の時間の過ごし方を再考する
大切な1日になります。
お金が貯まるだけでなく
自由な時間が増えていきます。

お店に入らないといっても、頑張りすぎは続きません。無理なダイエットがリバウンドするように、ストレスでリバウンド買いをしてしまう危険もあります。なにより、心がくたびれます。

私も買うことを極端にガマンしていた時に、ベッドとベッドマットレスをストレス買いしてしまいました。散財して一気に貧乏になったため、その後買い続けることができなかったのは幸いですが、極端なガマンは、メンタルに良くないことを学びました。

お店に入らないという意思は「やわらかく」持つことが大切です。

私は週に1日はお店に入らない、お金を全く使わない日を意識して作っています。食料品も雑貨も服も日用品も、何も買わない、お店に入らない「0円の日」です。

やってみると、家にあるものだけで意外となんとかなるものです。1日お店に入らなくても、サバイバルできることがわかります。頭を使って、とても楽しいです。

そして家に眠っていたストック品を使いきり、食材を無駄にせずに食べきることができるようになっていきます。

「今日、何も買わないで暮らせた」ことは、小さな自信になり、お店に入らない日が、ダムの水門のようにお金の流れをせき止めるのを実感できます。

「0円の日」の楽しみはもうひとつあります。

私はきっちりと家計簿をつけるのが苦手なので、カレンダーにその日使ったお金を1000円単位でつけています。ざっくりした公開家計簿です。

そして、お店に入らなかった日は、0円の丸を団子のように「まるく」書き入れています。**お団子が増えれば増えるほど、私の生活スキルは磨かれ、貯金が増えていく仕組みです。**カレンダーの前に猫を抱いて立ち、0円のお団子を数えて「フフフ」と不敵に笑うのが日々の楽しみです。

たとえば1月は1年の初めでやる気があるので、0が9個もありました。2月は4

個でした。こんな感じで「0円の日」を楽しみながら続けています。

お店に行く回数を減らすと、今までいかに自分がショッピングで疲れていたか、買い物に時間を費やしていたか、実感できます。

お金が貯まるだけでなく、自由な時間も増えていきます。

たくさんのお店に行かなくても絶対に大丈夫です。

一度制限してみたら実感できます。ダメだったらまたすぐ行けばよいのです。また買い始めることなんてとても簡単で、すぐにできます。不安を感じる必要はありません。

私はお店を倉庫と考えています。ものを置いておいて、必要な時にお金を用意して取りに行ける場所です。

「なくなったらどうしよう」「いざという時にどうしよう」と不安になることもありますが、安心してください。**たいてい買っているものはなくなっても困らず、いざという時に役に立たないものです。**

買い物欲をなだめる「カタカナ語翻訳」

コピーライターという職業が成立するくらい
私たちは言葉に左右される生き物です。
欲望を他人に操作されないための
こころのエクササイズをしています。

お店に入らなくても、友人との会話、テレビやネットから溢れ出る情報など、人間界には欲望を刺激するキラキラとした言葉が溢れています。
欲望や嫉妬がムクムクと育った時、それを無理に抑えつけてしまうと爆発します。「大丈夫ですよ」となだめたり、「こっちのほうがいいみたいよ」とだましだまし付き合うことが大切です。

私は、ある時、キラキラの魔法をとく方法を手に入れました。

嫉妬や欲望をあおるキラキラとした言葉は、大体が英語、カタカナ、造語のことが多いことに気がついたのです。

これを日本語に翻訳すると、たいていのキラキラの魔法はとけます。

たとえば――、

「ママ友とレストランでランチした」↓「母親同士で、食堂でごはんを食べた」

「プチプラで高見え」↓「安物で高いふり」

「タワーマンションに住んでる」↓「縦長の集合住宅に身を寄せている」

「スムージー」↓「食べ物つぶし」

慣れてきたら、少し難易度を上げて、カタカナ語以外の応用編にもトライしてみます。

「海外出張に出かけた」↓「海を越えて出稼ぎにいった」

ちなみに、「フェイク」も「ライク」も「風」も同じ仲間で「にせ」ものです。

「フェイクグリーン」↓「にせ植物」

「ホテルライク」↓「にせホテル」

「シチリア風」↓「にせシチリア」

翻訳機能が高まると、どんどん何も欲しくなくなります。

この効果を逆に使い、自分がやっていることを美しい言葉に変換するのも効果絶大

です。

「家で一人で簡単に食べた」→「家でデトックスランチして自分時間を楽しんだ」

「節約生活を続けている」→「大切使いをしています」

自分の好き勝手に翻訳をしていると、欲望と嫉妬はおとなしくなり、大変良い子にしているので手間がかかりません。

あれもこれも買ってやる！　とやさぐれていた感情は、今や貯金通帳と手をつないで仲良く歩いているような良い子です。

欲望が膨らんできたら、羨ましく思ったもの、欲しいものを紙に書いてみてください。

そして何通りかに翻訳してください。

本当に欲しいものですか？

まだきらめいていますか？

おもしろいので試してみてほしいです。

買い物欲をなだめる「エア爆買い」

「ガマン」はストレス生産機のようなものです。

私はいつも「ガマン」は捨てて違う方法を開発しています。

買い物は気分が高揚して楽しいものです。シーズンの変わり目は新作もどんどん出てきて心が弾みます。お店に出向かなくても、ネットでなんでも買えるから、だれもがワンクリックで気軽に買い物ができます。

そんな時、絶大な効果があるのが**「エア爆買い」**です。

まず、ネット通販サイトを開きます。そして、欲しいと思ったものをなんでもカートに入れていきます。

1時間もしないうちに総額は数十万円にのぼることもあります。

宝石や真珠、高級家具など、エアなら買えないものはありません。現実に購入したらメンテナンスが大変そうな島でも船でも購入できます。

「これも、あれも私に買えないものなどない」と思いながらカートに入れてみます。

エア爆買いは中途半端では意味がありませんから、徹底的にすることがポイントです。そうやって好き放題に買っていると、飽きてきます。疲れてきます。

熱が冷めてきてぼんやりとカートのなかの商品を眺めてみます。

「こんなにたくさんの品物、見てるだけで疲れるな」

「たくさん買い物ができたところで、所詮こんなものなのか」

「なんだかバカらしいな。買い物に時間を使って、虚しいな」

そう思ったら、サイトを閉じます。

決済ボタンを押さないエア爆買いの、幕は閉じられます（間違って決済ボタンを押すと大変なことになるので、注意してください）。

エア爆買いをしてみると、買い物は買った時より、欲しいものを探している過程が楽しいことがわかります。買ってみると、その瞬間から色あせていらなくなってしまうものも多いものです。

クレジットカード4年やめてみたら貯金が増えた！

クレジットカードを4年やめてみました。今やその存在を忘れるほどになっています。

そして私の貯金はぐんと増えました。

貯金を増やすのに一番効果的だったことは、クレジットカードを4年やめてみたことです。

カードというものは便利です。手元に現金がなくても買い物ができるので、なんでも気軽に買うことができます。海外で高いものの衝動買いも簡単です。そして気持ちのコントロールが利いてくるのは決済後。一度決済したら、いらないかもと思っても、取り消す面倒さが勝り、後戻りはできません。

やめてみようと思ったきっかけは、日々のカード使用額が少しずつ増えていることに気がついたことでした。毎月8万円くらいだったのが少しずつ10万円になり、12万円に……。

やめた最初の月は、カードをやめた代わりに、常に現金を多めに財布に入れるようにしていました。すると、月末にお金が一気になくなりました。クレジットカードの引き落としの10万円と、今月現金で使った10万円のダブルの支払いで、20万円近いお金が一気になくなりました。クレジットカードは負債だ、という意味が身にしみてわかった経験です。**翌月からは、お金を常にお財布に多めに入れておくこともやめることにしました。**

カードを使っていた頃はポイントを貯めたいと、現金はほぼ使わずに、カードでしか払っていませんでしたから、生活はとても不便になりました。

お店でものを買う時は、いつでも現金払いです。手元に現金がなかったら、いちいち銀行に下ろしに行かなくてはなりません。ネットショッピングでもカード決済ができません。コンビニ支払いや代金引換でしか決済ができず、労力を使いまくります。

私はカード1枚のスマート払いの現代人から、現金をもたもた払いする昔の人になったのです。

そんな古風な現金暮らしを続けていると、次第に不便さにも慣れ、その暮らしが日常となりました。銀行に行くのが億劫(おっくう)で、あまり買い物をしなくなり、そこまでしても欲しいものがなかったことに気がつくことができました。

買った実感の得られない便利でスマートな買い物をしては、増えていくものの片付けに右往左往する生活を脱することもできました。

そして、クレジットカードを持たないメリットを感じることが増えてきた頃、**月末に残るお金がグンと増えだしたのです。**きっちり計算したわけではないですが、5万円くらいは違うと思います。

現金扱いになるだけで、そこまで節約になるの？　と思うかもしれません。なります。現金とカードでは「お金がなくなる実感」が違います。同じ2万円でも、紙幣が手元からなくなるのと、カードでピッとでは全然違います。自分がどれくらいもらい、どれくらい使っているのか自然と把握できるようになり、買い物が健全化できた気がします。

クレジットカード引退！　という固い決意で4年ほどクレジットカードなしの暮らしを続けました。その生活実験とも修行とも思えるような日々で私の「散財グセ」は思いっきり改善されました。お金を大切に使う「貯蓄脳」に叩き直されました。現在は安心してカードを使う暮らしに復帰しています。クレジットカードなしの暮らしは自分とお金の関係を基本から立て直すことができる素晴らしい「修行」です。

ポイントはお店が得をするためのもの

たくさんのポイントを貯めている人。
本当に「おトク」でしょうか?
ポイントに操作されていませんか?
買わないほうが
ずっと「おトク」ではないでしょうか?

あなたは、ポイントをいくつ貯めていますか?

ポイントカードも、持たないほうがお金が貯まります。

私が今持っているのは、1枚だけです。

今はどこでも「貯めるとトク」と、ポイントをすすめられます。「今ならポイント5倍」なんて、ハーメルンの笛吹きのような心地よい音色です。ポイントを貯めるために、つい買ってしまうことになります。

でも、そもそも**ポイントのシステムは、お店の集客のためにできたシステム**ということを忘れないほうがいいと思います。

なるべく買わないほうがおトクに決まっているのです。

ポイントを気にするのを一切やめてみると、知らず知らずに買う場所、時を操作されていたことに気づけます。ポイントに縛られなくなると、お金とものの関係でシンプルに考えられます。

どのお店に行こうと、どの時期に行こうと決めるのは自分なのだと気づくことができます。

クマの財布でお金が貯まる⁉

クマ財布に替えました。
何から何まで不自由なのですが
不思議と心は自由を感じています。
家に帰ると、買わなくてよかった
クマちゃんありがとう、と思います。

「質の良い財布を持つとお金が貯まる」と言われます。本当でしょうか？以前は私も大人の持つキリリとした長財布に憧れ、ブランドの長財布を使っていました。

ピンとしたお札を入れて、気持ちのいいお金のやりとりができました。その後二つ折り財布を、半年くらい使いました。二つ折り財布は、パッと見ではお札が何枚あるかわからないので戸惑いました。いくら持っているかクリアではないので、お金の管理も甘くなりました。やはり、長財布か。そんな風に考えている時に、子どもがもらった可愛らしいクマのポーチを見つけました。

これを使おう。そう思ったらワクワクしてきて、早速入れ替えて使い始めました。

クマ財布はとても使いづらく「不便」と書いて「私の財布」と呼んでもいいくらいです。

そこに免許証、図書カード、銀行のカード、交通系カード（Ｓｕｉｃａ）を入れたら、もうカオスそのものです。

買い物の支払いでも、お金の出し入れが難しいので、非常にもたもたします。いい大人がクマのポーチを財布に使っている気恥ずかしさもあります。

ブランドの長財布が似合う素敵な店にクマ財布で行く時には、事前にシミュレーションして出向きます。買う代金をどうすれば最短のルートで取り出せるか、そつなくお釣りをしまえるか、計画を立てます。

自然とハードルがあがり、むやみやたらに買い物はできません。小銭をばら撒きそうな小さなクマの財布を使っていると、文字どおり、財布のヒモが堅くなりました。

正直なところ、長財布でも二つ折りでも、貯金効果が上がるのはそれぞれの使いようです。でも、小さく不便な財布は、２つの王道の財布と比べると想定外の大きな効果をもたらしてくれました。

4000万円のビッグな節約

日々の生活では「節約」を
あまり考えていませんが、
今までで一番大きな「節約」になったのが「家」です。
「新築」「駅近」でない、
喧騒からはなれた古びた家は
私を自由にしてくれます。

お金について考えるなら、住居費はとても大きな項目になります。

特に東京では、家族住まいで月々十数万円の出費になることも少なくありません。

よく、賃貸と家購入、どちらが得か、老後が安心か……など比較されますが、その人の主義やライフスタイルで、どちらがベストなのかは変わります。

もともと私はローンが苦手なので、絶対持ち家！派ではありませんでしたが、25歳の時に住宅情報誌で格安の中古物件に出合い、マンションを購入しました。築13年くらいの中古物件です。フローリング、壁紙、クローゼットのみリフォームしました。

新築時5500万円で売り出された物件を1400万円ほどで買うことができました。ローンを早く返済したくて、ボーナスを貯めては繰り上げ返済に励み、5年ほどで完済。

夫は当時29歳。**約4000万円のビッグな節約です。**

フリーの仕事だったので、会社員だった私がローンを組みました。だからとても愛着があります。私は戸建で育ったので、マンションへの漠然とした憧れもあり、きれいなオートロックのエントランスに、やったー！　と思ったことを覚えています。

広さは50㎡ほどで、家族3人にしては、かなり狭いほうです。でもこのサイズだから、ハウスキーピングに追われずに、住まいの手入れが行き届く満足感を得られました。

南向きですが、植え込みが鬱蒼（うっそう）として日中も薄暗い部屋です。これも一般的には価値が下がるといわれていますが、私にとってはベランダの植え込みが光にきらめくお気に入りのポイントのひとつです。それに住んでみると、うだるほど暑い東京の夏に暑すぎることもなく、快適に過ごせます。

「新築」「広さ」「駅近」などの常識に縛られすぎていたら、まだ返済に追われていたと思います。

家は羽を休めるところです。重すぎる住宅ローンを抱えると人生を左右されてしまうことがあると思います。

ちなみに私の両親は新築戸建を買いました。30年ほど経ち、ローンは払い終わりましたが、外壁リフォームで100万円近く、お風呂、トイレのリフォームで200万円近くかけています。やらないと家が傷みますから必要経費です。

家の購入は買って終わりではありません。むしろそれからが始まりです。いつか資産になると期待するよりも、この価格を出して使い切れるか？　減価償却できるか？　と考えるほうが、私に合っているようです。

最近はリノベーションや、リフォームも当たり前になってきました。**安く手に入れて、大切に使うほうに大きなお金をかける**スタイルがさらに増えていくことでしょう。

貯金を増やすためにトライして失敗したこと

「夫婦で協力」「2人で同じ目標に向かう」を信じてやってみたけれど、できませんでした。

「相手を変える」のはやめて、自分の行動を変えたら、良い方向へ動き出しました。


お金の管理には、様々なテクニックがありますが、自分に合うか合わないかも重要です。私もいくつかの方法に挑戦して失敗し、自分に合ったスタイルを見つけてきました。失敗したことは次の2つです。

1．夫婦間で協力しあうこと

結婚した当初から夫婦別会計で、お財布を一緒にする機会を失いました。

もちろん世の〝おりこうな夫婦〟をめざし、妻である私が収入を管理しようと企んだこともあります。「みんなやっている」と夫に話してみるものの、家のなかは戦場と化し、険悪な雰囲気になりました。

今は夫から月々の生活に必要なお金をもらい、**暮らしに必要なお金は私が管理し、**

残りを貯金。夫は車の費用と、たまに買う食材を。あとは把握していません。

夫の、きっちり分けることを好まず気前のいいところは、見習うべき長所でもあります。お金について、夫婦で方針が違うことは残念なことでもありますが、でも同時に、夫が私と同じ考え方をするようになったら、確かに貯金は増えるでしょうが、私たちの持ち味は薄れるとも思っています。

2. 家計簿をつけること

家計簿はずいぶん前につけてみたのですが、10日もしないうちに挫折しました。その頃はいかに安く買うか、トクするように……とばかり考えていたので、つまらなかったのだと思います。

ミニマルな生活を進めていくうちに、**「買わない」なら「0円（ゼロ）」だ。貯金を増やしたいなら買わなければいいのだ。買わなければ家計簿に書く必要も管理する必要もない**と、気がつきました。

「生きるか、死ぬか」で買うものを考えると、たいていのものはなくても大丈夫です。家計簿をつけたくないなら買わなければいいのです。こうして家計簿を諦めてからのほうがお金と仲良くなることができました。

投資する・しない、どちらが正解？

人間界に浸かっていると
「増やさないと」「やらないと」と焦りますが
小さな自然に注意を向けると
今ある少しのもので
満足して生きられる術を、もっと知りたくなります。

お金に関する章の最後は、投資・貯金のことです。

私は、資産を増やすための投資はしていません。

ブログで、お金についてよく書くので、投資などにも興味を持っているのだろうと思われますが、お金の扱いはできるだけ古風に時間をかけて地道にやると決めています。


思春期の頃、バブル経済の破綻で転落した人たちの悲劇を目の当たりにしました。

大好きな本の『赤毛のアン』でも、アンの養父のマシューおじさんは、全財産を預けていた銀行が倒産したショックで心臓麻痺になり亡くなりました。そんなことが今でも影響しているのかもしれません。

ということで、意識だけでリスクを取らない、**エア株投資**をしてみました。

ざっくりですが、100万円を投資して利回り3%なら（手数料はさておき）、1年に2万4千円ほど利益が出ます。これを貯金で考えてみます。1ヶ月3000円ほど使うのをやめれば、1年に3万6000円貯まります。なんだか貯金のほうが簡単な気がしてきます。

500万円を投資して利回り3%なら1年の利益は12万円。

1ヶ月1万円使うのをやめれば1年に12万円貯まります。買い物に行くと私は1回3000円くらい使いますので、4日ほど店に入らない日を作ればできそうです。

そんな風に考えて、結局貯金派のままです。

エア株投資の良いところは元本割れのリスクがない、手数料0円、長い説明を聞いたり読んだりする必要がない、価格の乱高下に踊らされないところです。

貯金は、先取り貯金を続けています。貯蓄としては一般的な方法ですが、これが一番貯まります。毎月口座から先取りで一定の額を貯金専用の口座に引き落とします。

家のローンが月々7万5000円だったので、払い終わってからも金額はそのままで先取り貯金に回しました。そして生活が安定し、ミニマルになるごとに、先取り額を限界まで増やして、その生活に慣れる。そしてまた貯金額を増やす……ということを繰り返してきました。

この方法は**細かいことを考えないでいいのでとても楽です。**一定金額が貯まったら、引き出しにくい定期に移し替えます。

この章で紹介した欲望やお金との付き合い方を積み重ねるうちに、10年で3000万円を貯金することができました（マシューおじさんの出来事は悲しく、それを学びに銀行を分散して貯金しています）。

財テクでなく、自分の習慣と考え方を変えることを大きな柱として、着実に資産を増やしてきたことは私の糧ともなっています。

お金と自分との関係がシンプルで簡単で気持ちが良いです。自分の家計に愛情がわくし大切に思えてきます。積極的に投資する人も投資の土台になる家計がシンプルにととのっている安心は豊かさにつながると思います。

第3章　ドレスコードは清潔

——洋服・ファッション・美容、少ないもので丁寧に

着まわしをやめました

着まわしファッションは
私には無理と諦めました。
毎朝洋服を選ぶ労力から解放され
いつも最高の自分でいられます。

服の枚数を減らしたいと思った時、「着まわし」ファッションを考える人が多いと思います。ですが私は「着まわし」という考え方を捨てたほうがうまくいきました。

着まわしをやめると、大きなメリットがあります。

今は、すべての洋服の組み合わせを「セット」で決めてしまっています。

メリットのひとつ目は、組み合わせを考える時間、迷う時間がなくなって最高なことです。意外とここに時間を取られていたと気づけます。忙しい朝の時間は貴重です。

もうひとつ、いつも「ベスト」な組み合わせで出かけられるので、「今日の組み合わせ、なんだかイマイチだな……」という失敗も、なくなります。

本当にお気に入りなら、毎日同じ服でいいとさえ思っています。

ファッションのテイストもシーズンで決めてしまいます。今日はキレイ系、明日はカジュアル系……と様々に印象を変える生活に憧れたこともありますが、実際にそうすると、よほどのオシャレ上級者でない限り、どちらも中途半端になるとわかりました。

「この組み合わせでも大丈夫かな」と選ぶ目がゆるくなり、「キレイ系のトップスにカジュアル系のボトムス」などをつい組み合わせてしまい、ちぐはぐな印象になってしまうからです。

今はお気に入りの上下の組み合わせを7セット、それにちょっと特別なシーン用のセットが1～2着あれば十分です。

買うのは中古がメインストリームです。メーカーによってサイズが違うので、中古を買う時は、サイズタグはあまり気にしません。300円のものでも妥協せず、試着してぴったりのものを選びます。

私は、洗濯やお手入れのことを考えて、1週間分の7セットを目安にしていますが、ご自身の生活スタイルに合わせて、セット数を決めるといいと思います。

「冬」と「夏」を基準にセットを作る

セットを作るのは「冬」と「夏」だけです。

「春」と「秋」は、トレンチコート1着です。

これで自動的に洋服が減り、

4シーズン、ばたばたしないで過ごせます。

前述した上下セットの具体的な作り方をご紹介します。

セットを作るのは夏と冬だけ。春と秋ははおりもので調整します（私はトレンチコート1着です）。

夏のトップスは白をメインに組み立てます。

白はさわやかな気持ちになれるのが一番の理由です。傷んでくるとすぐにわかり、手放しやすいところも気に入っています。

白ばかりだと代わり映えしそうにないと思いがちですが、ボトムスに合わせて、違うデザインのトップスをセットにすると飽きません。

パンツには、レースやタックの入った、女性らしさを感じるトップス。

スカートには、Uネックカーディガンの前を留めて着るなど、ある程度きちんと感を感じるトップス、という具合にセットを作ります。

一方、ワンピースはあまり薄い色ではないほうが活躍します。ノースリーブの紺のワンピースは、同系色のカーディガンを用意すると、かなり長いシーズン対応できます。

冬のセーターは白を1枚、グレーのUネックアンサンブルを1セット、グレーのハイネック1枚でした。

冬は「さびしい」「ちょっともの足りない」ことを意識しています。人恋しい季節で、盛っているよりも何か足りないほうがロマンチックに思えるからです。

トップスが暗い色の時は、ボトムスに明るい色を持ってくることもあります。

色が欲しい時は、2枚のウールのストールが頼りです。8年以上は使っていると思いますが、手織りの柄物で1枚はクリーム色、1枚は赤です。この2枚があるので、他はこれでもかというほどベーシックなものを選んでいます。

「黒」い服は損をする

「いざという時に自分に損をさせない」こと。
これは服を選ぶ時に
意外と大切です。
TPOより単純で間違いないと思います。

ミニマリストというと、服の色数は少ない……というイメージがあるかもしれませんが、そんなことはありません。
淡いピンクのパンツやレモンイエローのトップスなどの明るい色は、上手に取り入れれば肌も気持ちも明るくしてくれます。大人の女性こそ、使いたい色です。
色ものは着こなしが難しそうと思いがちですが、「白のトップスと明るい色のスカート」など、「自分にぴったりのセット」を作ってしまえば、いつも最高の気分で着こなせます。

これも「着まわし」を捨てたおかげです。

色や素材は、自分に損をさせないことも気に留めます。
私は自分と子どもの普段着に黒は選びません。黒はホコリ、糸くず、毛羽立ちが一番目立つ色だからです。夫の服は私の管轄外なので、黒い服がたくさんあります。でも、よく糸くずがついていて、似合う似合わないよりも、その「何かついていていますよ」感が気になることもあります。

夏はグレーなどの淡い色にも注意します。

以前、きれいな色が気に入って購入した夏のカットソーが、汗染みの目立つ色だったことがありました。恥ずかしくて着る機会がなく、すぐさまタンスの肥やしになりました。

それ以来、気に入っても、汗染みが目立つ色は選ばないようにしています。

素材を選ぶ時に意識していることは、自然素材かどうか。自然素材は何より着心地がよく快適です。表情も自然と和らぎます。どんな人でも笑顔は魅力的なはずです。笑顔に近づけるのはどちらか、触って考えてみると自然素材はすごいのです。

流行にも、あまり左右されないほうが良いです。なぜかというと、**流行の色や形は、過ぎ去ってしまうと気恥ずかしいことが多く、次の年になると着るのがためらわれることが多いからです。**

洋服ブラシは一生ものの財産

数少ないセーターに丁寧にブラシをかけるのは、とても楽しい時間です。

ときおり「大好き」と熱い言葉をかけながらブラシをかけます。

端から見ると危ない光景ですが、かけたあとは見違えるほどきれいになります。

ブラッシングとアイロンがけは、服の清潔感を保つための大切なお手入れ方法です。

特にブラシをかける習慣は、一生ものの財産になると思います。

洋服用のブラシを持っている人は少ないかもしれませんが、ぜひ1本持ってみてください。**服を着たあとはブラシをかける、ということを習慣にすると、洋服のくたびれ方、もち具合が全く違います。**

たとえば冬のセーターは、毛玉ができることがあります。そうなると、いくら高価なものでも不潔な印象が漂います。

毛玉は、できてから毛玉とり機でとっても、なかなかとりきれませんし、生地も傷みます。実は、脱いだあとに、たった30秒ブラシを丁寧にかけるだけで、毛玉のできやすさが、ぜんぜん違うのです。服がくたびれたような感じも、ブラシをかけると不思議なほどなくなり、きちんとした印象で長く着ることができます。

ブラシは**天然毛**がおすすめです。私は馬毛のものを使用しています。

ブラシをかける時は、自分の髪をとかす時のように、毛の方向を感じながら丁寧にかけます。そうすると、毛玉がとれるだけでなく、毛羽立ちや生地の傷みがどんどんと整っていき、生地がふんわり生き返ります。

この洋服ブラシの魔法は、効果が「出やすい服」と「出にくい服」があります。値段ではなく、素材です。**コットン、ウール、カシミヤ。**夏には麻など。**自然素材の割合が高い服は、特にブラシの効果を実感できます。**

天然素材には手入れをした分だけ応えてくれる包容力があります。捨てる時も掃除に使いまわせたり、環境に負荷がかかりづらいのも魅力です。

アイロンがけも、一生懸命にやります。

夏のTシャツにもかけます。なんとなく古くくたびれた感じになると買い替えたくなりますが、アイロンをかけると、キリリとし、見違えるように元気溢れる1枚になります。

古くなったのではなく、自分の手入れが足りなかったことに気づきます。

夏の暑い時期でも、好きな音楽を聴きながら汗をかいてアイロンをかけるのは、とても気分がいい作業です。

あまり家電を持っていない私ですが、アイロンは必需品です。手放せません。

靴やバッグも、長く使ううちに差が出てくるので、天然素材のほうが結局おトクです。これも数を少なく持って、こまめに手入れしてできるだけ長く使います。

革を手入れする時には、いらない美容クリーム、ハンドクリームで磨くと、ピカピカになります。

上下揃った下着でコストが減る

普段のつつましさにちょっと疲れてきたら
下着を新調します。
しかも5組セット買いです。
爽快で合理的な贅沢です。

意外と枚数が多くても減らせないものに下着があります。下着は、上下で古びる期間が違うので、ちょこちょこ買い足すうちに、上下がバラバラになります。そのせいで引き出しの中は、枚数は多いのに、上下バラバラの下着ばかり。人に見られるものでもないので、まだ着られる……と思いがちですが、その下着でなんとなく居心地が悪い思いをしていませんか？

ちょこちょこ買いよりも、1～2年に一度、上下が揃ったセットを5組、じっくり選んで新調してみてください。そして毎日それを順繰りに着用します。するとそのバランスの良さは心地よさと落ち着きをもたらし、いつも自信を持って外出ができるようになります。

私にとって下着5組の買い替えは、いつも一大イベントになります。新品の「ちゃんとしたもの」を買うので、最高に楽しい時間です。下着はピンクでまとめるのが好きなので、その色の刺繡(ししゅう)がされたものやかわいいものを中心に5バリエーション、目を血走らせながら選んでいます。

ミニマリストをめざす人間にあるまじき贅沢と思われるかもしれませんが、**この年に一度の本気買いは、体と心を清々しくするうえに、ペアリングに悩んだ末の追加購入がなくなるので部屋は片付き、コストが抑えられる**という効果も生みます。

アクセサリーは本物を少しだけ

アクセサリーは特別な時だけで十分です。
いずれは結婚指輪を時たまつけて、
あとは「風をつけています」
とでも言えるようになりたいです。

アクセサリー、昔はけっこうたくさん持っていました。
今は、**本物でささやかなものを4つだけ**普段使いにしています。

・結婚指輪
・小さな一粒ダイヤのネックレス
・白いパールのピアス
・パーティ用のアメジストのピアス

これに冠婚葬祭用の、パールのネックレスとピアスのセットを別で持っています。
結婚指輪は、当時、貧しかった夫が、海外の仕事先で探して贈ってくれたものです。
当時の夫にとっては高価な、繊細な金細工で、とても気に入っています。

結婚して何年か後に、夫のほうは自分の結婚指輪をスポーツジムでなくしてしまいました。その時は非常にがっかりしましたが、仕方ありません。「今私は、見知らぬだれかとおそろいの指輪をしているのかもしれない」。そう考えることにしました。ミステリアスで心が躍る指輪です。

一粒ダイヤのネックレスも、夫からのプレゼントです。小さくても本物のダイヤモンドには、本物ならではの野性的な輝きがあります。

聞けば、一流ダイヤモンド商人は偽物を絶対に見ないそうです。「偽物を見ると本物の輝きがわからなくなる」からだそうです。

私もたくさんの偽物を持つよりも、本物を少しだけ持つようにしたいなと思います。

冠婚葬祭用のパールネックレスは「花珠落ち」といわれるえくぼや傷のあるものを使っています。単に安かったからではありません。完璧でなく、ちょっと難があるところが自分と重なり、私にふさわしいと感じて選びました。私はきっと完璧なミニマリストにはなれないと思います。なれるとしたらこのパールのように「落ち」のあるミニマリストです。

今後はこのアクセサリーも減らしていきたいと思っています。今のお気に入りは子どもにでもあげるか、子どもがいらなければ良いように手放していくと思います。

ファンデーションをやめたら肌がきれいになった

美容は、やればやるほど
きれいになるわけではないのが不思議です。
スキンケアもファンデーションも
やめてからのほうが肌はきれいになりました。

「はじめに」で書いたように、**過剰に「洗う」ことが、肌を傷めていたことを私は体感してきました。今は最低限の洗いにとどめています。むしろ「洗いすぎない」よう気をつけているくらいです。**

お風呂にはボトルが1本しかありません。**無添加のカウブランドの石鹼シャンプー**だけです。これで、髪、体、顔、文字どおり全身を洗っています。使う量はそれぞれ半プッシュ分が目安です。ブラシもスポンジも使わず、体も手で洗っています。

この方法にしてから、髪はリンスやトリートメントを使っていた時よりも調子が良くなりました。肌もボディソープを使っていた時の乾燥の悩みは消え去り、とにかく健康的な肌を実感できるようになりました。

美容でも「なるべく塗らない」こと、過度にならないよう気をつけています。

スキンケアには、1瓶1500円ほどの**馬油**を使っています。

美容液、化粧水、乳液、クリーム、一切なしです。

特に乾燥する冬には、**ニベアクリーム**を足すくらいです。

肌の荒れ、乾燥などのあらゆる悩みがなくなったとまではいえませんが、以前、様々な機能的な商品（1個2万円くらいする高級な化粧品も使っていました）を使っていた時よりも、明らかに肌がきれいになりました。

お風呂上がりに時間がある時は、馬油で自分エステを楽しみます。顔を丁寧にマッサージしたり、手の指を1本1本丁寧にマッサージしたりします。自分を大切にできる時間です。

どこかの国では、人が死んだら野に晒して動物に食べさせる風習があるらしいのですが、近年は人が化学的なものにまみれていて美味しくなくなり、動物が残してしまうと聞きました。残念な話です。私はせめて自分が食べられる肉となることをめざし、馬油を使い続けたいと思います。

ファンデーションも使っていません。メイク道具は口紅だけです。少しきちんと感が欲しい時は、ニベアクリームを塗ります。ニベアクリームは下地としてもかなり使えると思っています。

驚愕のシャンプー洗顔と、馬油スキンケアのおかげで、肌の状態が良くなっているので、濃いメイクは必要なくなりました。

私は人から「若い」と言われなくても構わないと思って生きているのですが、しっかりメイクしていた時より褒められることが増えたので、少し驚いています。

夏の紫外線が強い時期も日焼け止めは使わず、帽子、長袖、サングラスで紫外線を防ぎます。時々クラクラしていろんなスキンケアを使うこともありますが、シンプルなケアにまた戻って肌を休めると回復するのを感じます。

猫は自分の舌だけできれいに毛繕いをしています。

そして、いつもお日様の香りがします。

私も余計なもので洗わず、余計なものを塗らず、余計な香りをつけず、「ピカピカ」「シミひとつない」肌ではなく、「健やかな肌」をめざすと決めています。

第4章　完璧を捨てると家が輝く

——古いものの大切使いで、物欲と家事が減る

中古品には価格以上の価値がある

私たちは日々、古くなり、
傷ついて生きています。
「新しいもの」「傷のないもの」が理想なら、
毎日、自分自身を否定し続けなければいけません。
だから私は「古びたもの」が大好きです。

第1章で紹介したように、私はミニマリストをめざし始めてから、家具をどんどん手放しました。今の我が家の家具は以下のとおりです。

・ダイニング……テーブルと椅子のセット
・リビング……一人掛けソファ3脚、アップライトピアノと椅子
・寝室……セミダブルのベッドと夫用の本棚
・子どもの部屋……セミダブルのベッドマットレスと木製スツール

このうち、ベッドと本棚以外は**すべて中古**で手に入れました。

木製のダイニングテーブルと椅子は、10年前に買いました。リサイクルショップでセットで1万円でした。国産の松田家具のものです。丹誠込めて作られていて、私が上に乗ってジャンプしてもびくともしないくらい頑丈です。

普段はテーブルの上には何も置いていないので広々としています。ここで、食事、お茶、パソコン作業、アイロンがけ、読書、トランプ、卓球など、あらゆることができます。子どもは勉強机としても使っています（子ども部屋に勉強机はありません）。

マルニ木工の一人掛けソファ3脚は、倉庫のようなリサイクルのお店でホコリをかぶっていたものを購入しました。3つで1万2600円でした。

職人が作った息づかいを感じたこと、だれかがつけた小さな傷にストーリーを感じたこと、座り心地がよかったことが購入の決め手でした。

ソファは使っているうちに、布地部分が猫の爪研ぎで破れてきたので、自分の好きな布地を選んで、職人さんに張り替えてもらいました。1脚5万円以上しました。その数年後には、ダイニングの椅子を4つで3万5000円くらいで張り替えてもらいました。

どの修理費も高くて涙が出ました。

せっかく中古で安く買ったのに、そんなにお金を払うなんておかしいかもしれない、とも考えましたが、張り替えたあとは抜群の美しさで貫禄がつき、かけがえのない私の家具となりました。世界でたったひとつのオーダーメイドです。

張り替えの時に職人さんに聞いたのですが、最近、修理に出しても直せない家具が増えているそうです。「直す」前提で作られていないのだそうです。

直す価値がない前提で作られているものを、少し虚しく感じます。

修理ができなくて買い替えのサイクルが早まれば、心と貯金がすり減っていきます。ものを丁寧に使う習慣は、地球に負担をかけないという面からも、自分自身をポジティブに捉える面からも幸せに直結すると思います。

古く傷ついたものを愛せる自分になることが、本当の豊かさにつながると信じています。

リサイクルショップは楽しい

何があるかわからないところが
リサイクルショップの醍醐味です。
この価値は私だけが知っている、
私が輝かせてみせる、と思うと、
大切に使いたくなります。

リサイクルショップは中古品を売買する場所なので、一見近寄りがたく、つまらなく思えますが、とてもおもしろい混沌の場所です。100円でカラーボックスを売っている横に、3000円の古い火鉢が。10000円のホームセンター品の食器棚の横に、6000円の寄木細工アンティークのものが置いてあったりします。

ソファや椅子のコーナーには、カリモクやイデーなどのおなじみのブランドのものもちらほら登場します。懐かしい木製のおもちゃなど、古いけれど上質でしっかりしたものもたくさん並べられています。

ブランドものがたくさんありますよ、という意味で書いているわけではありません。

いろんな背景のものが混沌としている空間なのです。

新品の時は圧倒的に高くて手が出ない高嶺の花も、一度使われてしまえば安くなる。どんなものでも勝ち続けることはできないのだな、などと人生と重ねてしまいます。

そして一度に様々な質、値段、デザインのものを見ることで、自分が本当に好きなものの「空気」がだんだんわかるようになってきます。

私はこの楽しさにハマりました。

ご自身の近所にあるお店を、ぜひ一度覗いてみてください。

リサイクルショップには洋服、バッグ、家具、お皿、家電などそれぞれの「得意分野」があるので、いくつか見てみるのもおもしろいと思います（私は家の近所の3軒を普段使いにしています）。

買い物に行く時のコツは「コップが2つ欲しい」「食事会に行く時に着るブラウスが1枚欲しい」など具体的に紙に書いてから出かけることです。

いろいろと目移りすると疲れますし、いらないものを購入してしまうと時間とお金の無駄になるからです。

リサイクルショップはひとつのブランド、お店の商品ではないので、安いからなどと選ぶ目が甘くなると、ちぐはぐになります。

買う時は自分の好きなテイストのルールは譲らないことが大切です。

目的を持って探しに行き、なかったらガックリと肩を落として帰る。また探しに行ってみて、その時についに見つけられたら最高です。

ものを持つ時は維持費×10年で金額を出す

結婚がゴールではないのと一緒で、所有したらゴールではありません。ものの良いところ、楽しい時間だけをとることはできません。手間もお金もかかるものなのです。

私は現実逃避と自分磨きのための趣味として、お茶とピアノを習っています。この大切な趣味の時間も、生活をミニマルにすることで得ることができました。

このピアノは10年ほど前に、中古ピアノ店で10万円ほどで買い求めました。このピアノの調律には、毎年1万5000円の費用がかかります。ここ10年で合計15万円を払ってきた計算になります。

改めて考えてみると高い……。しかしピアノが私に与えてくれる歓びは、想像以上でしたから、払う価値は十分にあったと実感しています。

自分の暮らしにものを招き入れる時は、そのものが与えてくれる歓びが、維持費や

修繕費に見合うかどうかも冷静になって判断しておくことが大切です。その目安として、「維持費（メンテナンス費）×10年」という金額が役に立つような気がします。

ソファも、張り替えは涙が出るほどに高額でしたが、新品にはない思い出と知恵を与えてくれました。できる限り長く使うつもりです。

まあまあの無難なソファを新品で5万円で買い、5年で買い替えれば10年で10万円かかります。

どんなものも、メンテナンス、維持費とセット販売なのです。そう思うとそんなにたくさんのものを持てなくなってきます。

張り切って所有して、その後の手入れの時間とお金を用意できずに、自分のもとで傷ませてゴミにした経験も私にはたくさんあります。

10年後のことを想像して、手入れにお金と時間をかけて大切に所有できるか、ものと向き合ってみて判断してみるといいと思います。

買おうとするものが、安いものでも高いものでも、全部同じです。

絵を飾ると家事が減る

ほこりとの
終わらない戦いに挑むより
ほこりとケンカをしない、ほこりすら輝かせる空間で
自分の暮らしも輝きます。

家具がたくさんあるお宅にお邪魔すると、私の部屋はガランとしているな、と思います。

ふつう、こうなると「殺風景だから何かを飾ろう」となり、雑貨・置物を並べがちです。でも、それはやりません。数日経ったら**「ホコリのせ」**になるだけだからです。雑貨店にはたくさんのものがあるのに、いつも素敵ですが、それはひとつひとつ雑貨にはたきをかけたり拭いたりして、棚もいちいち雑貨を外して拭く……という、気の遠くなるようなメンテナンスを、毎日しているからです。私には絶対できません。

そのかわりに**絵を飾っています**。絵なら掃除の邪魔にもなりません。

今は母の形見の絵をダイニングの壁やトイレ、子どもの部屋にかけています。額縁に入れず、キャンバスに重ねて貼ったままで飾っています。額がないほうが、母が描いている様子を思い出すことができるからです。家に遊びにきた人とも飾ってある絵について会話ができ、子どもの頃に憧れていた「大人の時間」が過ごせます。

額に入れていないと、もうひとつメリットがあります。ガラスにほこりがうっすらとついた時に虚しく感じる気持ちがありません。ついたほこりも一緒に飾るような気持ちでかけています。

ほこりにいちいち敵対していたらストレスフルで大変です。ほこりと共存できない包容力がないものは、選ばなければ掃除がラクだと気づきました。

たとえばプラスチック素材は、ほこりがのった瞬間に不潔な感じが漂います。ガラスの家具もほこりをのせて輝ける包容力はないと思います。こういったものを家に置かないだけで不思議とほこりに目くじらをたてることが減ります。

ときどき花も飾っています。きれいに咲かせておくことにこだわらず、枯れていく様を見るのも好きです。生きている花と緑の香り、そして色の変化が、ずっときれいでなくともいいことを気づかせてくれます。

シンデレラになって床を磨く

私は掃除にはそれほど力を入れていないのです。

毎日は掃除しませんし、

床磨きはエクササイズの一環と「王子様にもてる」ためです。

部屋に余計なものがないおかげで掃除はとても簡単です。

掃除は2~3日に1回、朝時間にやっています。1回15分くらいと簡単です。

私は掃除機も持っていません。掃除機の大きな音と、引っ張る時のモタモタ感、空気がほこりっぽくなるのが苦手だからです。

掃除の三種の神器は、イタリアンほうき、ハタキ、マイクロファイバーの雑巾です。

イタリアンほうきは、毛の腰が強く、密度が高い絨毯も、これでしっかり掃除できます。

掃除の順番はこんな感じです。

朝飲んだお茶の茶殻を軽く水気をきってから、フローリングに花咲か爺さんのように撒き散らします（紅茶でも緑茶でもジャスミン茶でもなんでも使います）。これは昔ながらの掃除の知恵です。お茶がらを撒くとほこりをたてずに掃除でき、香りもさわやかです。

絨毯をほうきで掃き、各部屋を掃き、ベランダも掃いてちりとりでゴミを取ります。

掃除も「完璧主義」は心が疲れるもとです。完璧にきれいにすると、とことん疲れてしまい、次もまたやろうという気力までなくなってしまいます。

ちりひとつない空間は、安らぎよりは「特別な非日常」です。

「日常」は、少しのほこりと小さな悩みと喜びが混ざって漂うほうが輝きます。

小さなほこりを可愛らしいと思えるようになると、掃除が「戦い」から「楽しみ」に変わっていきます。ふんわりと丸いほこりちゃんに会える掃除の時間が楽しくなります。

ほこりに向かって「叩きのめしてやる」と怒っているよりも「ほこりちゃん、また来てね」でいいと思って開き直っています。

運動したい時は、バケツにお湯を張って雑巾掛けします。

スポーツジムに通って運動していたこともありますが、ジムに通うために余計な時間をとられていました。

今は雑巾掛けがハードなエクササイズです。肩甲骨が動き、肩はポカポカしてきます。床を雑巾で磨く時は、シンデレラになったつもりで、汗をかいて一生懸命にやります。おとぎ話では、王子様は着飾ってキラキラしたお姫様よりも、意地悪な継母や魔女にしいたげられながら、一生懸命、ひたむきに働く女の子を選び続けてきたのです。だったらきっと、ひたむきに雑巾をかける私の姿も輝いているはずです。「どこかにいる王子様は、きっとこの姿に心打たれているにちがいない……」とフフフと企みながら、床を磨く手にますます力が入ります。

「エクササイズ目的の掃除」はできるだけ長く、精根尽き果てるまでやりきります。手で磨いた床は光り、魔法がかかったように空気まで気持ちのいい部屋になります。

トイレ掃除でも、私なりの工夫をしています。

それは気管や肌を痛める強い成分の洗浄剤を使わず、**ホテルのアメニティのシャンプーやリンス、実家で眠っていた乳液や美容液、古くなった酢などで便器を洗う**ことです。お土産にもらう果実酢なども、使わない場合は、いただいたことに全力で感謝しながらトイレ掃除に使います。

家に亡霊のように潜む幽霊ボトルが減り、空間も清々しくなっていくので、とても気に入っています。

小さな暮らしは体と心にいい

スマート家電も便利グッズもいいですが
小さい持たない暮らしで
忘れかけていた幸せを思い出します。
私の理想は古い小さな巣のような家です。

私の理想の住まいは『アルプスの少女ハイジ』のハイジが暮らすおじいさんの山小屋です。

古くて小さくてものがあまりなくても、そこには愛があります。素朴で温かいスープがあります。気持ちのいい干し草のベッドがあります。そして一歩外にでれば広大な自然。とても素敵な住まいだと思います。

「起きて半畳、寝て一畳」という言葉も大好きです。

これを聞くと、ツバメの家族が小さな巣で身を寄せ合って生きている姿が思い浮かびます。ツバメは、小さな巣のなかで暮らし、雛(ひな)を育て、渡りの季節には広大な海を渡っていくのです。大きな巣でなく、簡素で小さな巣だから、ひとつのことに集中して、大きなことを成し遂げられるのだと思います。

私はときどきあれもこれも欲しいな……と欲望にまみれてくると、いつもツバメのことを考えます。こうしたことに思いを馳せると、家は小さいものが美しくて強い、私がめざしたいのはそこだと確信できます。

自分が大事と考えるものだけに制限してみれば、広くて立派な家に住む必要はないと断言できます。

広い空間に移ると失うものがあります。人それぞれ価値観は違いますが、自分の手で手入れできること、家族が近くで身を寄せ合えること、それが今の私には大切なことだと思います。

私の暮らし大公開

クマ財布

お金を貯める最高の相棒、クマ財布です。実は、「所持金500円」で1日を乗り切ることにハマった時期もあります。500円生活はゲームみたいに楽しく「お金がなくても意外と平気」という事実に気づけるので、とてもおすすめです。

ダイニングは8畳ほどとコンパクトですが、食器棚がないので広々と使えます。中古で買ったダイニングテーブルセットは、最初はもう少しボロめいていたのですが、重厚な素材感が気に入って、磨きながら10年使ううちに、どんどん光ってきれいになりました。たまに、使わない美容液やクリームを使って磨く時もあります。

ソファは、2、3人座れるものを購入しがちですが、お客様を招いた時、同じソファに座ると距離感が近すぎてどぎまぎします。おすすめは、一人掛けソファをいくつか置くこと。きっちり座れて、ほどよくリラックスできます。なにより、普段の生活でも、「寝ながらテレビ（スマホ）」とならないので、家庭の平和が少し保たれます。自分がだらけるのはいいのに、人がソファでだらけていると、イラっとすることがあるものです。

リビングはソファもピアノもすべて中古です。シャンデリアは夫が外国から持ち帰った8000円ほどのもの。古びて味わいがあり、落ち着きます。揃えたわけではないですが、家具は全部日本のメーカーです。北欧やヨーロッパのデザイン家具も素敵ですが、サイズが大きくて合いません。体のつくりが違えば快適に感じる椅子の高さも違うんだな、と気づきます。

鍋が少ないと、その都度洗って使うので、家事が溜まらなくなりました。鍋ややかんはこんな感じで、いつも外に出しっぱなしです。魚焼きグリルは、かなり活用しています。魚を焼くだけでなく、トーストも1分ほどでこんがり焼けますし、りんごやみかんなどのフルーツを焼くと、それだけでごちそうです。

シンクまわりはごちゃごちゃすると水垢が溜まりやすくなって掃除が大変なので、なるべくものを置かないようにしています。食器用洗剤と水切りカゴがないと、掃除のストレスが本当に減ります。ちなみに、シンクの生ゴミ受けはぬめりやにおいが発生しにくい銅製です。生ゴミネットなどは使わず、その都度ゴミを捨てています。このほうが結果、ラクです。

アクリルたわしに出合ったのは、人からのいただきものでした。洗剤がなくても汚れが落ちるので愛用しています。アクリル毛糸を少し太めのかぎ針でざくざく編んで作っています。決まった作り方はなく、ゆるいコマ編みを自由につなげています。編み物をしたことがなかった私でも10分程で編めるくらい簡単です。

トイレにも母の絵を飾っています。この絵はなぜかトイレに一番しっくりくるのです。服の洗剤は香りがないほうが好きですが、トイレは唯一、香りのものを置いてあります。いらない香水や洗剤代わりのボディソープなども、どんどんここで使います。いい香りが漂い、清潔になり、幸せな気持ちになります。

お風呂用洗剤で毎日浴槽を洗っていた頃は、手が荒れてしまって理不尽な気持ちになっていました。今は、マイクロファイバーの雑巾で3〜4日に一度くらい磨くだけです。気をつけているのは、お風呂から上がる時に、シャワーで壁や浴槽をシャーッと流すようにしているくらいです。石鹼シャンプーでの全身洗いのおかげか、これだけで水垢も石鹼カスや排水口の汚れも溜まりにくく、カビも昔ほど生えなくなりました。

子ども部屋にはセミダブルのベッドマットレスをそのまま置いています。机もありません。ランドセルと教科書は床置きです。お客様が泊まる時は客室になります。ベッドマットレスを干し、シーツを洗ってベッドメイキング。ランドセルの類いを出し、質素で清潔な客室にして、私たちは家族3人で別の部屋のベッドで一緒に寝ます。お客様の布団も必要ないし、気軽に人を招ける身軽さが気に入っています。

大切な馬毛の洋服ブラシ。新しい服が買いたくなったら、家に帰って手持ちの服にブラシをかけると、物欲がおさまってくるので不思議です。服をハンガーにかけたままブラシをかけたり、テーブルに置いて丁寧にかけることもあります。猫の毛づくろいみたいで楽しい作業です。3000円くらいで上質のブラシが手に入ります。

「香りが続く」液体洗剤や柔軟剤は、絶対に使いません。強い香りが苦手だからです。ヨーロッパなどの乾燥した気候では合いそうですが、日本は湿度が高いので、香りがこもってしまいます。粉石鹼を規定の量の半分以下にして洗っています。この量だとすすぎ残しがなくなり、石鹼特有の強いにおいもありません。

着まわしを捨てた私は「洋服のセット」で過ごします。夏、冬のセットがあります。パンツはあまりだぼっとしたラインのものは苦手なので、ジーンズもシルエットが細めのものを選びます。冬のチャコールグレーの上下のセットは、ストールで色を足します。

普段着と下着は、蓋つきの籐のカゴひとつに、洗濯したものを放り込んでいます（ときどき畳みます）。子どもと共用です。カゴ収納はラクで、家事の時間が減ります。着ない服がどんどん下に押しやられて、下層の服が無駄持ちになりそうですが、パンパンになるほどは入れないので、気持ち良く循環しています。

外食するとチープな食事でも案外お金がかかります。かといってお弁当に頑張ると疲れます。それに、どんなに頑張っても冷たくなると美味しさ半減。私はおにぎりだけに頑張ることにしています。仕事にもおにぎりのお弁当をよく持って行きます。

果物が大好きです。切るだけで食べられるし、旬のものはリーズナブルです。八百屋で野性的な香りのする果物を見つけたら、必ずといっていいほど買って帰ります。りんごは24等分くらいに薄く切ると、皮付きのほうが美味しいと思えます。イチゴも大皿に豪勢に盛るだけで、来客時やクリスマスのごちそうです。

特別な時にたまに作る、簡単ケーキです（作り方はP130を参照）。
簡単なのに華やかで、本当におすすめです。フライパンで焼く時は、フッ素樹脂加工ではないステンレスだと焦げつきそうに思いますが、一度油を入れてよく熱してから使うと、ぜんぜん焦げつかずに、するりと生地が離れます。なんでも、使い方を知ることは大切だと思います。

冬はみかんをよく食べるので、食べたあとは掃除に活用します（魚焼きグリルの掃除方法はP138参照）。掃除中には、みかんのいい香りも漂って、本当に幸せな気分です。グリルが冷めたら皮でこすって磨きます。内側の白いところは油っぽいものに良く、網のところの焦げつきなどは皮の外側でこすります。

クリストフルの銀のスプーンは新婚の時に2本セットでいただきました。手に持った時の重みやぬくもりが違うことに感動し、それ以来リサイクルショップで見つけたら、運命を感じて1本ずつ買い足しています。使わないとくすみますが、重曹を入れてぐつぐつ煮るだけでピカピカになります。

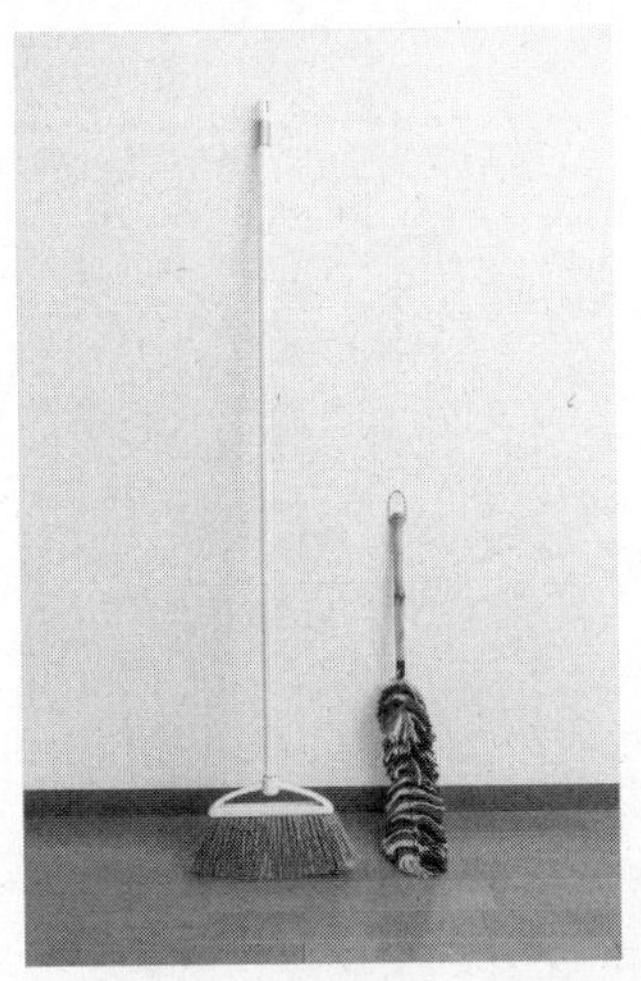

掃除機を使わなくなってからのほうが、掃除時間が減りました。左がイタリアンほうきです。毛の腰が強いので、絨毯も簡単にきれいになります。ハタキは旅行に行った時に土産物店で手作りのぬくもりに惹かれて買いました。汚れたら洗って何回でも使えます。

掃除機がなくても、猫がいても、イタリアンほうきで掃くだけで、絨毯はさっぱりときれいになります。むしろなかなか細かい毛などを吸わない掃除機よりも、早くてラクです。私はおそうじロボットをもらったとしても、ほうきのほうが気に入りそうです。

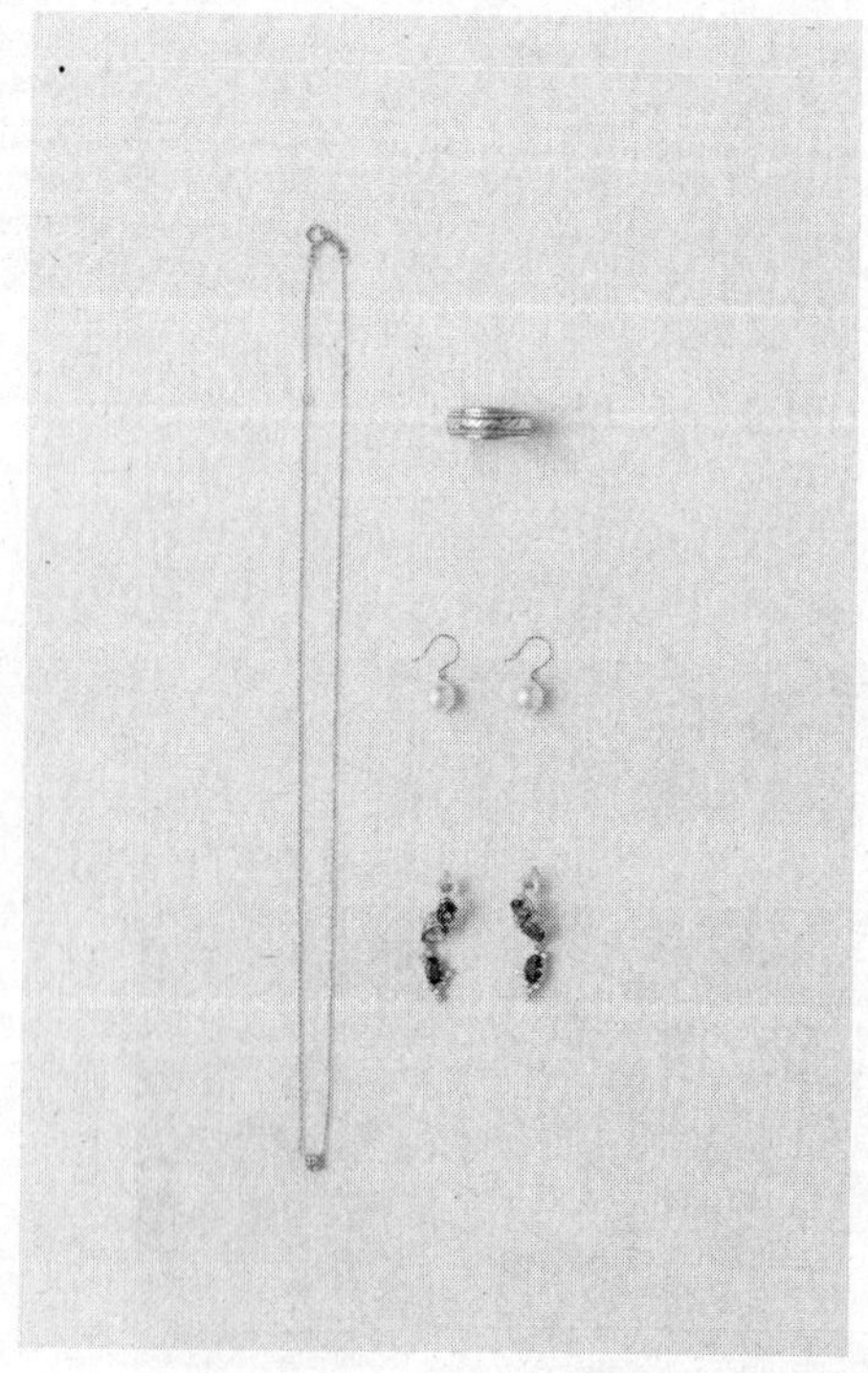

普段使いのアクセサリーはこんな感じです。右上から結婚指輪、パールのピアス、アメジストのピアス、左が一粒ダイヤのネックレス。アメジストのピアスは、パーティなどの少し華やかな時用です。子どもの頃、「大人になったらこういうのをつけたいな」と思っていた、懐かしいデザインに出合って、それ以来のお気に入りです。

美　容

馬油は今は「一光の国産馬油」を。添加物、保存用成分などがフリーの100%のものを使っています。常温では溶けてしまうので、保管は冷蔵庫で。ニベアクリームはファンデーション代わりにもなりますし、大気汚染がひどい地域では鼻の穴に塗ると、ほこりが入らずラクです。花粉症予防にも使えると思います。

ストール

ウールのストール。冬の服はベーシックなので、これくらいインパクトのあるものが重宝します。ガシガシ洗濯していたらだいぶ縮みました。ちなみに、ストールやアクセサリーがたくさん欲しくなったら「手足で4本、首1本」と、体のパーツの数を思い出すようにしています。お気に入りの呪文のひとつです。

猫

猫は私の師匠です。いろんな縛りもなく、自由に身軽に生きている姿に、いつも学びます。床でごろごろする気持ち良さも猫を見ると思い出します。お日様の香りのする毛のにおいをかぐと幸せな気持ちになります。

第5章　頑張りすぎないで幸せな食卓

――旬の食材は、時間とお財布にやさしい

美味しくて時短な〝鍋炊きごはん〟

料理の呪縛から自由になれたことは
私にとってはとても大きな変化でした。
あの日、炊飯器が壊れて
本当に良かったと思っています。

毎日の家事のなかでは、料理の占める割合が一番多いと思います。食材を買いに行き、冷蔵庫にしまい、料理を作り、お皿を洗い、片付けまで。1日3食作っているなら、日々合計すると、1週間で10時間くらいは費やしているのではないでしょうか。料理に力を入れている方は、もっと時間をかけているかもしれません。

私も以前は、「健康的でバランスのとれた食事」の呪縛に苦しんでいました。子どもができるとヘルシー志向に拍車がかかり、心が疲れることもありました。そして疲れると、デパ地下でオシャレで彩りの良いお惣菜を買ってみたり、出来合いのものを電子レンジで温めて食事をすませることもありました。
「料理の時間を短縮したい」という気持ちと「食卓はバリエーション豊かに楽しむべき」という気持ちの間で揺れていたのだと思います。

そんなある日、5年ほど使っていた炊飯器が壊れました。アウトドア好きの友人が「鍋でごはんを炊いている」と話していたのを思い出し、**家にあったビタクラフトの無水調理鍋でごはんを炊いてみると、想像を絶する美味しさでした。**

お米を炊く、ただそれだけでこれほど美味しいのか！

私は驚いて鍋から1膳よそい、白いごはんをそのまま食べました。

ガスの火力のおかげか、いつもよりふっくらと炊きあがっています。

炊飯器を卒業しよう、と思いました。

ちょうど震災をきっかけに、家電を手放し始めた時期。私が手放した最初の家電です。

ごはんを鍋で炊く時は、30分以上水に浸けて吸水させれば、火をつけてからは大体20分ほどで美味しく炊きあがります。細かい火加減や水加減は鍋によっても違うので、自分の鍋と相談し、失敗しながらなじませていくとよいと思います。

私の場合、**炊飯時間は炊飯器の半分ほどの時間**になりました。手間がかかると敬遠していたのに、美味しいうえに時短です。

外食がどんどん減る、たったひとつの方法

お米は小さくて不思議な存在です。
くっついておにぎりになったり、
お茶漬け、おじやにするとまた味も変化します。
ごはんのお供を常備すると、幸せも倍増します。

鍋炊きでごはんそのものが美味しく炊けるようになると、外食がもの足りなくなってきます。外食のごはんの味に、満足できなくなるからです。
しかも嬉しいことに、おかずがシンプルでも満足できます。

海苔、梅干し、納豆、豆腐、キムチ、昆布、ちりめんじゃこ、塩、卵。この辺があれば、何よりも健康的で、何杯でもおかわりができます。

炭水化物抜きダイエットなども話題ですが、私の場合は「ごはん」をしっかり食べるようになったことで満足感が得られ、お菓子を食べることが減りました。長年、口内炎にも悩まされていたのですが（そういう体質だと諦めていました）、「ごはん」中心の食生活になると、口内炎にならなくなりました。それまでは食べてもどこか飢餓感

があり、スイーツなどを食べないともの足りない気持ちだったのだと思います。

電子レンジも持っていないので、余った冷やごはんを、**お茶漬け、おじや、チャーハン**にするのも楽しみです。

寒い時期は、卵を落としたおじやが冷えた体に染み渡ります。暑さを感じるようになると、冷やごはんに梅干しをのせ、お湯か緑茶を注いでお茶漬けに。フウフウ、サラサラと食べると、体に力がみなぎります。ガッツリ食べたい時はチャーハンにします。

「ごはん」にも一番美味しい、旬の食べ方があると思います。

おにぎりも「本気」で握ると味が全然違います。

炊きたての熱々を、ふんわりと空気を含むように握るのがコツ。一番大切なのは、気持ち、いや「美味しいおにぎりになれ！」という想いを全力で込めながら握ることです。

おにぎりは、温かくても冷めても美味しい、日本が誇るレジェンド料理だと思います。

子どもの友達と遊ぶ時にも、塩むすびと、わずかなおかずだけのお弁当を持っていくことがあります。

手ごろなベンチ、適当に座れる場所を知っていれば、どこでも自分のレストランです。

外食の半額以下で、健康的で美味しいごはんを食べられます。

炊飯器を手放したことで、私はごはんの美味しさに覚醒し、外食がグングンと減りました。おかずはどんどんシンプルになり、旬の野菜とひき肉を炒めて塩を振るだけ、といった簡単料理が美味しく感じられるようになり、気の重い家事から自由になれました。

一汁三菜を捨てました

キャビア、トリュフより
納豆や豆腐が大好き。
肉には「なんとかソース」をかけるより、
塩とレモンで食べるほうが、
震えるほど美味しく感じられます。

おかずはシンプルに、**生、焼く、茹でる、煮る**が基本です。

夕食でも、調理時間は15分くらいです。


日本の食卓の基本に一汁三菜という言葉があります。

栄養面などで考えると素晴らしいと思いますが、手間暇をかけて作ることを毎日続けるのは、私には到底無理だな、とも思います。

海外に目を向けてみると、日常の食卓はとてもシンプルです。

たとえば、豪華な印象があるフランス料理も、日常の食卓は、朝はカフェオレとクロワッサン、昼はサンドイッチ、夜はスープとパンなど、かなりシンプルです。私もドイツに行った際、訪問先のご家庭でいただいた夕食が、パンとチーズとワインだったことがあります。コールドミール（火を使わない料理）のシンプルさと、現地の人にとっては、それがいたって普通なんだということにカルチャーショックを受けました。

毎日何品もおかずを作る日本の主婦は大変なんだな……とも思いました。同じような理由で、日本の昔話に出てくるようなシンプルな食卓にも憧れます。

料理を作ることが楽しくて時間がある人は、それが趣味なのですから、思う存分楽しめばいいと思います。けれど、**「副菜が多いほうが良い」「たくさんの品を並べることが正しい」という価値観に縛られると、負担になります。**

以前の私がまさにそうでした。

頑張って作った料理を残されると「こんなに頑張って作ったのに、もう作らない！」と憤り、家族に「美味しいと言うべきだ」などと迫ったこともありました。温かい食卓をめざしたはずなのに、薄暗い食卓を提供していたことは、大変悔やまれることです。頑張りすぎることで、せっかくの食事が、不満や疲れの原因になるよりは、料理は簡単でも、食卓をみんなでゆっくり囲みながら会話を楽しめるほうが幸せです。

　ということで普段は、魚を焼いて食べる。肉を旬の野菜と一緒に焼いて、塩やダシつゆをかけて食べる。

　夏はざるそばやそうめん。そんな感じの料理です。冷奴におろし生姜をたっぷりのせて、お醤油で食べるのが何より美味しいです。茹でて塩をふっただけの枝豆もたまりません。

　冬はなんと言っても味噌汁です。ひき肉と野菜、キノコを炒めて水を入れ、最後に味噌で調えた、具だくさんのがっつり系のお味噌汁に命をかけています。

　火曜はカレー、週末は餃子、など**週に2日程度メニューを決めておくだけでも、メニューを考えることから解放されて、思った以上にラクになります。**

　仕事で疲れた日などは、帰り道に焼き鳥屋さんで焼き鳥を買ってすませることもあります。

　揚げものは手間がかかるので作りません。唐揚げなど、子どもが好きな揚げものを食べたい時は、外で食べるようにしています。

　無理しすぎないことを大切に、日々の食卓が家族で楽しめることを大切にしています。

お財布にも家事にもやさしい「丸ごと」食べ

旬のものをそのまま食べることは、
私たちが忘れかけている贅沢です。
「時短」で「お金もかからない」。
「美味しい」そして「健康的」。
簡単料理はいろんな幸せを運んできてくれます。

食材を買う時は、特売などの売り文句よりも、「旬」と「彩り」に気を留めて買っています。**旬のものは価格も安く、栄養も豊富です。**

魚と肉を買う時には**「自分が捕獲できるかどうか」**を考えることもあります。

マグロとアジで悩んだら、「マグロは大きくて釣れないけれど、アジなら釣れるかも。よし、今日はアジを買おう」となります。

牛肉と鶏肉で迷った時は「牛は捕まえられないし捌(さば)けないけれど、鶏なら自分で捕まえて捌けるかもしれない。よし、今日は鶏肉を買おう」となります。

これは、丸ごと食べるほうが体にも良いという「ホールフード」の観点もありますが、自分で捕獲することを想像してみると、自然にムダな大量買いをしなくなり、食べ残すこともなくなるからです。

季節の野菜も、手間暇かけるよりそのままいただきます。

トマトやきゅうり、パプリカなど、少し彩りを意識しながらザクザク切り、オイルと塩で和えるだけで、野菜の甘みをほんのり感じるごちそうサラダになります。

市販のドレッシングは買いません。塩とオリーブオイルだけが一番美味しいドレッシングです。レモンを一絞りしたり、お酢を垂らしたり、ときには醬油を混ぜたりすれば、味のバリエーションも広がります。

夏には、きゅうり丸ごと1本をがぶりと食べることもあります。旬の青々とした香りとフレッシュな味わいがダイレクトに口中に広がり、幸せな気分になれます。子どもも夫も、最初は驚いていた子どもの友達も、当たり前のように丸ごときゅうりを食べています。

外食する時には思い切って脂肪と油を楽しみますし、たまのジャンキーな食事に、得も言われぬ美味しさを感じるものですが、それはたまにだから良いのだと思います。

いつもの家での食事は、シンプルなほうが体が整います。

きっちり計量しない簡単ケーキ

お菓子作りは正確さが大切と言われますが、いつも自己流、どんぶり勘定そのものの人生を歩む私にはできません。適当で大丈夫！　失敗してもよい！　そこから学ぶのだと大胆に始めています。

私はきっちり計量することができないのですが、お菓子作りも好きです。来客の時、だれかの誕生日、クリスマス、バレンタインデーなど、シンプルなものを作ります。カットフルーツを飾るだけのこともあります。

作る時のおすすめは**白玉団子**。とても安くて簡単です。白玉粉を水で少し練って、丸めて茹でるだけ。それを大皿に盛り、ゆるい粒あんをかければ完成です。それぞれが取り分けて食べる、気取らないおやつです。

できたてが美味しいので、**親しいお客様なら一緒に作ると最高です**。おもてなしをするなら洋菓子と思いがちですが、焼き菓子よりも簡単で間違いがないのでおすすめです。

ケーキも数百円の材料費で簡単に作ります。評判が良かった一品は**「フルーツケーキ」**です。きっちり計量せず、オーブンも使わず、フライパン焼きで15分あれば完成します。

カロリーも控えめで、見た目も豪華。老若男女を問わず、喜んで食べてもらえます。

最後に一応、レシピらしきものを。

材料：小麦粉、砂糖、卵、牛乳、季節の果物、好みのフルーツ缶詰、蜂蜜

①小麦粉、砂糖、卵、牛乳を適当に混ぜてクレープより少し硬いくらいの生地の素を作る。適当がちょっと無理という方は、ホットケーキミックスでホットケーキの生地を作ってください。

②旬の果物を小さく切り、フルーツ缶詰の中身と混ぜたものを用意する。

③熱したフライパンに①を薄く流し入れ、何枚かの生地を焼く

（生地は膨らんでも膨らまなくても大丈夫です）。

④お皿の上に焼きあがった薄い生地を重ね、その上に②をのせる。

⑤最後に蜂蜜（もしくはメイプルシロップ）を適当にかけて、おしまい。

「大容量」冷蔵庫、本当に必要？

小さな冷蔵庫のおかげで、私の消費行動はいつも正されています。
無駄に捨てる食材を減らそうと努力した分、
感性や優しさは磨かれ、
自由になるお金もぐんと増えます。

我が家は3人暮らしですが、一人暮らしの時に使っていた122ℓの冷蔵庫を10年以上使っています。**たくさん入らないので、買い物が抑制されます。**

冷蔵庫が大きいと、奥のほうで存在を忘れて食材をダメにしたり、ちょっと消費期限が怪しい食材も無理して使おうとしたりしてしまいます。

食材の買い物には週に2～3回お店に行きますが、**「お店は私の大きな冷蔵庫」**と考えています。近くにお店がない家に住んでいるなら話は別ですが、近所にお店があるなら、無理してまとめ買いするよりも、食べる分だけ買うほうが食材の循環もよく、新鮮で美味しいうちに食べきることができます。最新式の大容量冷蔵庫のほうが電気代が安いと言われることもありますが、トータルで考えると、単純に無駄な食材を買わないことによる食費の抑制効果のほうが大きいはずです。

小さいと、掃除が簡単なことも大きな利点です。食材をしまう前に、中の棚をついでにさっと拭くのも簡単です。軽いので一人で動かして裏側や下まできれいにできます。

もちろん、それぞれの暮らしのサイクルで、食材をまとめ買いするほうがお得な場合もあると思います。そういう時には大きな冷蔵庫が頼もしい味方です。

私はとにかく家事を減らし、食材を無駄にすることを減らしたいのです。

冷蔵庫も経済的な余裕とともに大きくなりがちですが、逆に小さくしていくと、管理が楽になります。

年金暮らしの方が「冷蔵庫が壊れて買い直すのに15万円必要だから、パートをしないと」と嘆いていました。彼女は2人暮らしです。小型のものなら4~5万円の予算で3分の1の負担です。使い慣れたものを変えるのは、勇気と知恵が必要ですが、冷蔵庫を買い替える時に小さいものを選ぶという、いつもと逆の選択肢が、自分の世界を良い方向に広げてくれることがあると思います。

お客様用食器はいらない

私の家に来てくれた人は、だれでもファミリーです。
お皿を分ける必要なんてありません。
いつでも一番良い食器から普段使いします。
やんちゃして割れてしまったとしても、
仲良く話した時間は輝いているはずです。

食器棚がないと言うと「お客様用の食器はどうしているの？」と聞かれることがあります。**お客様用食器はありません。我が家に来てくれたお客様はファミリーだと思っているので、必要ないのです。**

いつでも一番お気に入りの「勝負食器」を全力で使っています。

100円ショップの食器も使っていたことがありますが、ものすごく丈夫です。これを使い続けていると、食器を丁寧に扱う感覚が間違いなく鈍ります。

私はその感覚を忘れて、結婚する時にいただいた素敵な食器をバンバン割っていました。

割るのがもったいなくて「特別な日」用にしたものの、結局ほとんど使っていないことに気づき、バカらしくなって、箱のままリサイクルショップに引き取ってもらいました。

そして、本当にお気に入りのものを残し、普段使いにどんどん使うことにしました。割ったり欠けさせたりしてそれを悔やむ、という経験を重ねるうちに、だんだんと丁寧な扱いを身につけることができました。

今持っている食器はこんな感じです。

・ブルーのパスタ皿　4枚（1枚割れました）
・旅先で子どもが作ったごはん茶碗　5個
・古伊万里の生盛皿（いけもり）　5枚
・汁椀　5個
・どんぶり　5個
・ガラスの蕎麦ちょこ　5個
・友人の母作の小皿　5枚＆大皿　1枚
・ロイヤルコペンハーゲンの大皿　1枚
・たち吉の大皿　1枚
・派手な外国のボウル　1個

・マグカップ　３個
・デュラレックスのグラス　９個
・実家で発掘したガラスのコップ　２個

柄は統一していません。自分が好きならどんな柄でも仲良しです。

食器の数の割に大皿が多いのには理由があります。大皿には包容力があるからです。果物から餃子まで、なんでも大皿に盛るとかっこよく見えます。小さなお皿に平等に分けるより、一緒に食べるほうが楽しく食べられますし、洗いものも簡単です。大皿をしまいこんでいる方は多いと思いますが、もったいないと思います。食事だけでなく果物や和菓子など、ぜひ大胆にのせてみてください。

よい食器を普段使いすると、なんでもない食材の味わいも不思議なくらい変わります。

余談ですが、人を招く時はお客様に「手土産なしで、身一つで来てください」と伝えます。ギフトは場の空気を和ませるのに便利ですし、自分が伺う時には何か渡さないと失礼だと思うこともありますが、私には手土産が必要ないので、それを率直に伝えています。**いらないものには相手のお金も使う必要がない**と思っています。

食器用洗剤をやめたら奇跡が起きた

食器用洗剤を使っていた頃は常に手が荒れていました。ハンドクリームをお守りのように持ち歩き、手を洗うとクリームがべたつき、それを落とそうとよく洗い、また手が荒れてクリームを塗る「クリーム妖怪」でした。

昔はお米のとぎ汁で食器を洗ったそうです。やってみたら、健康的な肌を手に入れることができました。もうやめられません。

ある日、中華料理店でバイトしていた友人から**「油は洗剤より熱いお湯で洗うほうが落ちるよ」**と聞いて、本当だろうかと、やってみることにしました。

確かによく落ちます。お米のとぎ汁、パスタやそうめん、そばの茹で汁でも洗えます。

試してみたけどそんなことない、という方は、スポンジで洗っているのではないでしょうか。スポンジは洗剤の泡で汚れを落とすためのつくりなのだと思います。

洗剤を使わないで洗う時は「アクリルたわし」を使うと気持ちいいほどよく落ちます。

油ものが少ないなら、とぎ汁ではなく、アクリルたわしとお湯だけでも十分です。アクリルたわしは雑貨屋さんなどでも売っていますし、私はアクリル毛糸をザクザクと編んで10分ほどで作ります。

考えてみれば私たちが化学的な食器用洗剤を常用するようになったのは数十年前。比較的最近のことです。それ以前の方法でも、お皿はピカピカになることがわかりました。

ちょっと油っぽいものでも、とぎ汁とお湯で丁寧に洗えばツルツルになります。プラスチックのお弁当箱なども大丈夫です。

食器用洗剤をやめて何より嬉しかったのが、手荒れがみるみる落ち着いたことです。

食器用洗剤を使っていた頃は常に手が荒れていました。汚れも落ちますが、自分の皮脂も落としていたのだと思います。荒れるのがイヤでゴム手袋をはめて洗ったり、冬はハンドクリームが手放せませんでした。今はハンドクリームを持ち歩く必要はありません。ニベアクリームを家に置いて、気になった時にだけ使います。

油ものを調理したあとのフライパンや脂が落ちた魚焼きグリルなど、しつこい油汚れの時は、**みかんの皮**が使えます。食後のデザートにみかんを食べて、その皮で洗います。方法はこんな感じです。

1. みかんなどの柑橘類の皮を適当にちぎり、グリルの網の上にのせる。
2. 魚を焼く時と同じように、下にお湯や水を張り、5分ほどグリルし火を止める。
3. グリルの粗熱が取れたら、その皮で網やグリル窓、本体を磨く。

たったこれだけでピカピカになります。

みかんの皮には「リモネン」という成分が含まれていて、これが油汚れをとてもよく落としてくれるのです。たまにテレビ通販などに登場する、びっくりするほど汚れを落とす「オレンジ強力洗剤」もみかんの成分で油を落とす仕組みなのでしょう。

洗剤の代わりに**ジャガイモの皮**も使えます。ジャガイモの皮の内側でシンクを磨くと、気持ちいいほどピカピカになりますし、水筒のなかに皮を入れて振り洗いすると、とてもきれいになります。

第6章　家族レジャーを捨てると休日が輝く

――ゼロプライスで、すぐそばにある幸せの見つけ方

半径3キロに幸せがある

公園を歩いていたら
青い小鳥が不意に出てきて
驚いて息をのみました。
海外でも、遠くのパワースポットでもなく
「青い鳥」は本当にすぐそばにいました。

これから紹介する日々の楽しみ方は、私の生活の半径3キロのなかで起きる、些末で力が抜けたものばかりです。ときには偏ってさえいます。多分、憧れられることも、真似したいとも思われない気がします。ただひとつ、ミニマリストをめざし始めると、今まで気にも留めていなかったことに大きな価値が見いだせるようになります。少しは参考になることがあるかも、くらいでどうか気楽に読んでみてください。

お金のかかる旅に行かなくても楽しめる実力をつける

ある年の春、鎌倉の海に行きました。
「何これ、思ってたよりきれい……」
水が温かく、貝が生きていました。
8時間も飛行機に乗って
マレーシアのビーチとかに行かなくても
私が見たいものはここにあったのか！　と驚きました。

私は旅が大好きでした。

20代の頃は、休暇のたびに海外に出かけていました。しかし最近は海外に行きたいという思いが弱まっています。

準備や移動に疲れること、時間とお金がもったいないなどの理由もありますが、それ以上に、**遠いところに行っているうちに、近場の絶景を逃し続けていることがわかったからです。**

もちろん、海外ならではの魅力もあります。現地の人と交流したり、言葉も雰囲気も違う文化に触れたりする楽しみは、国内では体験できないものがあります。
しかし最近は世界中にショッピングモールみたいなものが増えて、提供される楽しみも、その楽しみ方も似てきているとも思います。

「今しか見られない」「一生ものの体験」「家族の思い出づくり」……etc.
こんな旅行会社のキャッチコピーの誘惑は強烈です。だれかが「クリスマスはヨーロッパで家族旅行」なんて言っているのを聞くと、つい嫉妬心や焦りがでて、やっぱり海外旅行に行こうかなと思いそうです。
けれど近所の公園の小さな世界で、今まで気づけなかった四季のドラマティックな変化を発見することも、同じくらい楽しいのです。
「思い出」は特別な日の出来合いのレジャーよりも、びしょびしょになってお風呂を洗って笑いあったり、夏の夕方に公園のベンチで近所のパン屋さんのパンを食べたり……そんな日常のシーンのほうが心に大きく残るのではないかと思っています。

公園は最強のパワースポット

ガイドブックにも、
ネットの口コミにも、載っていない
私だけのパワースポットを持っています。
イヤな時も嬉しい時も
てくてく歩いて向かいます。

半径3キロのローカル探訪のなかで、一番アツいのは、自宅から自転車で15分ほどのところにある、大きな公園で散歩をすることです。週に最低2回。自転車で行くと近いのですが、子どもと一緒の時は、たくさんのことを話せるので、40分ほどかけて歩いて行きます。

東京23区内ということを忘れるくらい、**様々な植物、野鳥、虫たちと出会えます。五感が解放され、視覚的な情報や電子音にすり減っていた感覚が戻ってきます。**風に乗る香りや、雨の音、土を踏む感触に、自分のなかの野性が蘇ります。

有名なパワースポットはたいてい遠いところにあり、飛行機や電車を手配して行かなければなりません。そして高い確率で混んでいます。もしかしたら数十分並ぶかもしれません。それが苦手な私にとっては、身も心も懐もすり減る、パワーダウンスポットです。

マイパワースポットは気が向いたらいつでも行くことができる、入場無料の絶景です。

散歩の途中、ときどき私は視線を思いきり低くします。ひそやかに咲いている野の花や虫を見るためです。

梅雨時など、いろいろな花がしっとりと濡れて打たれる姿は、はかなく、なんとも言えない美しさです。花の名前をあまり知らないので「濡れ花」「しずく落とし」と、名前を勝手につけて楽しんでいます。

視線をずっと上にあげると野の鳥が飛んでいます。観察していると一生懸命虫を捕っていたり、泥を運んで巣作りをしたりしています。ツバメやツグミなどの姿を見て、小さな体であんなに大きな海を渡ってくるその強さと不思議さにただ胸を打たれます。

生け垣のロープにとまる青い小鳥を見つけた時は、自分は地蔵なのだと思いながら息をころして動かず、視線だけをその鳥に送っていました。

そういう近くで繰り広げられていた絶景を、私ははじめて目にすることができたのです。

公共施設を自分の施設と思い込むとお金が貯まる

税金を投入されているものは全部私の、みんなの宝物です。
美術館、公園、図書館、博物館、プール。
どんなセレブの家の庭も
立派なタワーマンションの施設もかないません。
自分だけのものをパンパンに所有するより
もっと私たちの宝物を楽しみましょう。

日ごろから公共の施設にディープに通っています。

なにしろ、公共施設は多額の税金が投入されているので、かなり立派につくられています。内容と管理も相当に充実しています。それを、私たち住民は無料もしくは低料金で利用ができるのです。ムダな箱物づくりと批判するより、積極的に利用したほうが絶対にトクです。

もしかしたら公共施設というだけで、堅苦しく、使い勝手が悪いと思っていませんか？

そういう時は、自分の施設と思い込むと身近になります。

「図書館＝私の書庫」
「区民プール＝私のプール」
「公園＝私の庭」

こんな感じです。

特に図書館は、私は本気で自分の書庫と信じ込んでいます。管理しきれない量の本を、虫干しもせずに所有して本を傷ませているより、図書館を活用していくほうが素敵です。

ルールを知って活用すれば、大きな書庫は自分のものです。読みたい本が置いてなければ、図書館の係の方に相談してみてください。取り寄せたり購入したりして、連絡をくれるという、まるで自分の執事のようなサービスを体感できます（ただし時間はかかります）。

自分のものと信じて使うと、自然と行動も正されます。図書館にゴミなどが落ちていると「だれだ、私の書庫にゴミを落とすのは」とゴミを拾ったり、書籍も丁寧に扱えます。

博物館や美術館、音楽ホールも同様です。知的好奇心が満たされ、圧倒的な本物の輝きに触れることで、ものを選ぶ目が鍛えられます。

入場料は本物の芸術品の管理費だと考えれば、とてもリーズナブルです。歴史ある建物も多くあり、足を運ぶうちに自分の家の延長のように使いこなせるようになってきます。

駅や役所などに置いてある**地域の広報誌**も手にとってみてください。

生花、茶道、乗馬、香道など、ちょっとハードルが高い気がする文化的な活動が、手軽な価格で催されています。

公共施設は「消費する」場所ではない数少ない場所です。

消費サイクルに巻き込まれて焦るより、自分と向き合ったり、体を鍛えたり、四季を楽しんだり、知的好奇心を満たしたり、いろんなことを経験できます。

嘘をつくとお金がなくなる

見栄を張ったり無理をしたりすると

お金がいくらあっても足りません。

美術品のようなお茶道具を集めて競いあったら、

一瞬で大金がなくなります。

お金がないことは恥ずかしいことではありません。

恥ずかしいのは欲張ったり、差別したりする行為です。

私の趣味のひとつに茶道があります。

知り合いに「お茶を習うことにした」と言ったら、「お金が吹っ飛ぶわよ〜」と脅かされました。着物やお茶の道具、お免状などいろいろとお金がかかるというのです。

でも、ぜんぜんそんな心配は不要でした。

そもそもお茶の教室は、区が主催する茶道体験で巡り会いました。公共のお茶室に月に2回通って1ヶ月5000円の受講料です。

着物に関しては、教室の先生に、お金をかけられないことを隠すことなく話したところ、それを聞いていた年上の方が、使っていないお下がりをくださいました。先生からは中古で安く手に入れる方法も教えてもらいました。

お茶の道具は、デパートで揃えたのですが、店員さんが「上を見たらキリがありませんが、初心者ならこういう手ごろなものから始めるのがいいと思いますよ」とすすめてくれたものを買いました（とはいえ1万円以上はかかりました）。

日常でも、習い事やランチの金額について、自分が高いと感じたら、正直に「私には高いのでできない」「私には余裕がないのでそのランチは行けない」と伝えます。

それで理解しあえない方とは、それまでの関係だと思います。

無理をしても、無理をさせても互いの為になりません。

教室では、毎回、頭を殴られるくらいの文化的衝撃を受けています。これまでしたことのない立ち居振る舞いや所作を、知識でなく、恥をかきながら自分自身で体得します。

相手を思いやりながらも、踏み込みすぎないことの大切さを教えられます。

満開の時だけでなく、寒い冬を耐え忍び春に咲こうとする木々の四季の美しさ。

狭い4畳半の茶室に、5人で身を寄せ合ううちに感じてくる不思議な空間の広がり。……すべて体感してみなければ知りえなかったことでした。

私はまだまだ始めたばかりで語れることなどありませんが、「道」のつくものは完成することなどなく「生き方」だということを教えていただきました。今はその時ごとの自分の表現を深めて心を伝え合うことを楽しめればと思います。

お茶を習い始めて意外に思ったことがひとつあります。

日常で私の欠点とされている遅い動作を、褒めていただけることがあることです。「歩くのが遅い」とか「急いでいないように見える」など叱られることも多いのですが、お茶室では叱られるどころか、それがいいと、見守り育てていただけます。

短所は長所と表裏一体の関係だと思えてきたり、お茶のお稽古はまるでセラピーです。

自分を調律してくれるピアノレッスン

上手いとか下手とかより
一緒に音楽に向き合って
成功したり、失敗をかみしめたり、
緊張して手足が震えたり。
迷いや気づきを経験できたらと思います。

もうひとつ、大切にしている趣味はピアノです。
子ども時代にもピアノを習っていました。当時はとにかくピアノの練習が大嫌いで、どうすればサボれるか、やめることばかり考えているようなところがありました。5年前に子どもがピアノを習うようになり、私も**ミニマルな生活で家事から解放され、日々の余裕ができたおかげで、再びピアノを弾いてみたいなと思えるようになりました。**

ピアノの先生からは、「高校生にはテクニック、力ではかなわないけれど、経験と音色で聴かせてください」と人生の哲学のような言葉をいただきました。

月に4回通って、受講料は1ヶ月5000円です。

子どもと一緒にピアノの発表会にもでます。本来なら保護者として子どもを励ますところですが、自分も弾くので全く余裕がなく、震える声で「お互い頑張ろうね」としか言えません。震える私に、子どもは先生から教えられた「練習は本番だと思ってやる。本番は練習だと思ってやる」という言葉を伝えて去って行きました。

最初の一音から外したり、完璧は難しいですが、間違えたり震えたりする気持ちを共有できることは、とても良いことだと思っています。

舞台から降りたら、小学生の生徒さんから「後半は、良かったですよ」と励まされた時もあります。恥ずかしさにワナワナとするのですが、「完璧」「スマート」ができない私の役割は、失敗し、肩を落とす姿や、一生懸命泥臭く苦労する姿を見せることだと割り切っています。

発表会への参加は毎回の洋服にも悩みます。このときは、クリーム色で袖にレースのあるトップス、グレーのスカートをリサイクルショップで800円で購入。靴は手持ちのレースの低めのヒールで参加しました。

音楽もやはり完成などなく、生き方のようなものだと思うので、その苦労と輝きを感じるとやめられません。

家テントで自由を手に入れる

私は家の好きな場所で寝る遊牧民です。夏は暑いのでピアノの隣のフローリングの上、夫の部屋、子どもの部屋と気ままに寝ています。寒い日に子どもの部屋にテントを張って寝てからは最高の寝心地にはまりテントに入り浸っています。

子どもが大きくなってくると、周りの方はアウトドアをしっかりやっていることを知り、自分たちもやってみたいと思いました。手始めにテントと思いましたが、知識がないので購入したのは簡易のビーチテントです。

これを子ども用のベッドマットレスの上に張ってみたら最高で、アウトドアをしないままに、テントは家でディープに使われることとなりました。テントのなかは別世界です。もぐりこんだら、家のなかでキャンプをしているようなワクワクした気分になれます。

そして、**暖房を入れなくても、とても暖かいのです。冬のマストアイテムです。**

お風呂上がりのお家エステも、テントのなかで楽しみます。

お家エステはこんな感じです。足と手の爪を短く切って、馬油でかかとや足の指をマッサージし、ニベアでコーティング。最後は手のひらを馬油でマッサージし、ニベアでコーティング。とても楽しい作業です。

眠る時は、子どもと猫といっしょです。狭いテントのなかは先着順なので、気の毒ですが、夫は入れません。

ある時、リビングでテレビを見ている夫に向かって、テントのなかからおやすみなさいと声をかけたら、「家庭内別居しているみたいだよ」と言われました。

寝心地は最高です。天幕に覆われた安心感と、ぬくぬくした感じが大きな安らぎをもたらします。その日にイヤなことがあったり、嫉妬したり、意地悪な気持ちになったりしても、この快適なテントのなかで横になるだけで、すべてがバカらしく思えてきて、忘れ去ることができます。子どもの寝息を隣に聞きながら、すぐに眠りに落ちることができます。

50㎡のマンションの空間で、私は、キャンプや別居が楽しめるほど自由です。

第7章　人間関係のこだわりを手放す

――「ミニマリスト」「反ミニマリスト」主義なんてなんでもよい。自由に友人や家族と共存する

ママ友はいらない

私の「友達」は私に利益をもたらす人でも
私を賞賛する人でもありません。
物語のマッチ売りの少女も
雨上がりに鳴いているスズメも
希望を与えてくれるものは、全部友達です。
だからいろいろなところに会いに行くことができます。

私は、だれにでもむやみやたらに挨拶します。はじめてすれ違う人にも目が合ったら挨拶します。世間では子どもたちに「知らない人に話しかけられたら逃げなさい」と教えていますから、不審者まっしぐらのコースでしょう。でも、知らない人はだれでも怪しいと思って暮らしていたら、世界中不審者だらけとなり、メンタルに悪そうです。何の作為もなく挨拶を交わし、お互い安心するのは素敵な体験です。

一方で、**お友達活動を「制限すること」**もやっています。

たとえば**ママ友は一時期を共有し、すれ違っていく関係だと割り切っています。過剰に期待したり、させたりする必要はありません。その時を平和に過ごすことが一番大切です。**

カフェやレストランに集まって愚痴や自慢話などを語り合うのも、最初の頃は楽しく新鮮でしたが、すっかり飽きてしまいました。時間とお金を消耗する価値が見いだせなくなったのです。

そこで、ある時から、そういう集まりになるべく参加しないように努めることにしました。その際「そのレストランに行くお金が出せない」「ピアノの練習がしたい」といった理由を、はっきりと述べました。

幸運にも、私にはそれで責めたてられたり、追い詰められたりした経験はありません。もしかしたら気づかなかっただけかもしれませんが、実害はありませんでした。

相手の理由と混同せずに、自分には正直にお金が出せないこと、時間を捻出できないことを話していきました。

やっていることがちょっと極端かもしれないと、不安に感じることもありますが、回りくどいことをして誤解を与えたり、相手のせいにしたりするよりも、自分のことを正直に話すほうが楽なことに気づきました。

こういうことを正直に話せるようになってから、私の交友関係は深まりました。

年賀状をやめて良かったこと

長年気になっていた年賀状をやめてみました。
後悔したり、叱られたりするかもと
思いましたが、自意識過剰でした。
家族自慢の写真よりも
正直な気持ちを伝えやすいＬＩＮＥでのやりとりが
友達同士、昔のように一対一で向き合う
温かさを取り戻してくれました。
今のところ、良い収穫のほうが優位です。

数年前に、**思い切って年賀状をやめました**。予想以上に得るものが多かったです。
それまでは私は、何年も会っていない友人に対して、とっておきの家族写真を印刷した年賀状を送って「平和にやっています」「素敵な仲良し家族です」アピールを一生懸命にやっていたのですが、いったいだれに何をアピールし続けているのか、わからなくなりました。

年賀状の家族写真はとっておきの1枚ですが、私の365日すべてが平和なわけではありません。怒りに震え、心のなかで「風林火山」の旗を掲げながら夫や子どもとケンカしたり、仲良くしたり、なんて私は愚か者なんだと凹んだりを繰り返しながらなんとかやっている365日です。

正直に自分の気持ちを伝えられるのは形式だけの年賀状よりLINEだと思いました。

初めての年賀LINEは、本当に忙しい時期をはずした1月4日に送信しました。もし返信がなくても、形式だけの関係が終了するだけだから、お互い負担が減って良かろうとも考えました。

予想以上に快適で、ハガキだけのやりとりになっていた友人からLINEが返ってきて、何回かやりとりしたあと、お茶に誘われ、直接会って、くだらないことに馬鹿笑いしながら旧交を温めることもできました。

形式的な年賀ハガキでは、こうはならなかったと思います。

連絡を取るのがハガキでしか無理だと考えられる人には、改めてハガキで挨拶し、メールアドレスと電話番号もお知らせして、いずれはLINEでつながれるようにしていく計画です。

絆デトックス

友達のSNS情報について話した時に別の友人が言いました。

「ネットにのっていることは100%嘘だと思え」

その気迫に押されたこともあり、今は8割くらい嘘かもしれないとぼんやり考えています。

私はブログを書いていますが、自分を良く見せたくて、やはりいつもの自分よりだいぶ張り切って書いているので、これは合っていると思います。


2011年に大きな地震が起こった時、テレビには「絆」「絆ソング」なるものが溢れていました。元から不安感が強い人間でもある私は、世界中につながるような安心のネットワーク……それは「絆だ！」と、切羽詰まる思いで絆作りに夢中になりました。

絆作りの計画表まで頭に描き、ふとしたきっかけで招待されたSNSに登録。海外に住む友人から、それほど親しくなかった学生時代の友人にまで遡り、**手当たり次第に「お友達」を増やすことに没頭しました。**

「絆」作りにとらわれていたために、誘いがあると自分の予定をキャンセルしてでも120％参加するほど前のめりでした。そんな日々を何ヶ月か、飽きやすい私にしては結構長く続けていたのですが、ある日突然リバウンドしました。

元からピアノを弾いたり、読書したり、みんなでワイワイよりは、知らない人を眺めながら一人でお茶をするほうが好きだったのに、そんな自分を偽って「お友達作り」に奔走したため、大爆発を起こしたのです。

SNSをやめ、それでも足りずに、お気に入りのショップから配信されるメールの配信停止ボタンを押しまくりました。そしてお友達活動を一切やめました。

自分でも本当に極端だと思いますが、人間が主役の小説も読めなくなってしまい、図書館で動物事典などを読んでいました。NHKの動物ドキュメンタリーなどはコメンテーターが入らず、動物の生き様の映像と映像に合わせた解説のみで終わることが多く、大好きでした。

クマやライオンは同じ種族でも親が違うと子どもが殺されてしまう。ハリネズミのオスは子育てに参加しない。カワセミはヒナが巣立つと全力で縄張りから追い出してしまう。

人間社会では許されないであろう、不思議そのものの自然の掟を眺めているうちに、「お友達活動」ごときで心が枯れ果てている自分の生命力のなさが馬鹿らしく、笑えてきました。人間以外の生き物を見て、「群れて生きる人間」という動物である私にも気づけました。他の人あっての私なんだな……と考えるところもあり、健全な気持ちで人恋しくなってきたのです。

今でも人間関係で悩んだ時は、動物図鑑や動物のドキュメンタリーを見ています。どこかで、傷ついた長さぐらい回復にも時間をかけるといいと聞きましたが、振り返るとそうだったと思います。

「絆作っていこうよ！」と周りにまで強要していたのが一転、真逆の「友達なくし活動」を経て、正直になるしかないと諦めの境地に至り、今はだいぶ丁度いい具合に落ち着いています。

最近、ネットニュースなどで、スマホ依存でうつ病になるといった記事を見かけます。

私もスマホ大好きですが、スマホ依存にはなりたくないなと思います。それで、大好きな**スマホを家にお留守番させて週に2日は出かけています。スマホデトックスです。**

最初の日は大丈夫かなと不安もありましたが、今は余裕でお留守番させられます。スマホも、とてもおりこうさんに私を待っています。

たまに気持ちをリセットしたくなった時には、**スマホの通話履歴、メールの履歴を全部消しています。**

私は自分が褒めてもらったメールを保存しておく趣味があるのですが、そんな保存メールも、「絶対これは消せない」というもの以外は、もう一度じっくり読んでから、ありがとうと思って削除します。

大丈夫。だれかに褒めてもらえなくとも結構幸せに過ごせます。そうすると、新しい気持ちで一から始めようとリセットできて、清々しい気持ちになれます。

子どもの友達に「親友がいなくてちょっと悩んでる」と言われ、「大丈夫！　私なんて大人だけど友達一人もいないよ」と自信満々で励ましたことがあります。

今の私なら、もう少しバランスが取れて、「いないと不安な時もあるけど、結構それはそれで大丈夫。できる時はできるものだよ」とでも言うでしょうか。

エア離婚でイライラを手放す

「配偶者」と思うと不満に思うことも
「愛人」と思い込むと平和が保てる
不思議な世界を知ってしまいました。
「愛人」に贈り物を選んだことがありますか？
エア設定なら私にはできないことはありません。
あまり参考にならないかもしれませんが……。

私は夫婦生活や諸々に疲弊して、２０１１年の夏を過ぎたくらいからの３年間、夫を「愛人」と思い込んで暮らしてきました。子育て、仕事の大変さ、地震後の不安など、ケンカすることも多かった時期です。一番は夫の大好きな車のことでケンカしていました。

離れることは考えられないけれど、気持ちの整理がつかず「妻」「配偶者」はもうやりきれない気持ちになったのです。

そこで本当に愛人を作る方もいらっしゃるようですが、現実にはとても面倒なことになります。後悔しても遅かったとか、泣いて謝ったが、家でも外でも地位が低くなったとか、慰謝料を請求されたなどという話もたくさん聞いています。

私はどうにかして楽になりたいのに、楽になるどころか苦労が増えてしまいます。

そこで私は「エア離婚」をしました。**エア設定だと、お金や労力がかからず時間も短縮できるのが利点です。**ある日、近所の喫茶店で夫に告げました。

「今日から妻をやめます」

夫は冷静なところがあるので、あまり動揺せず、

「何になるの？」

と聞いてきました。

私は、

「愛人になる」「配偶者をやめる」

などと説明しました。

夫は、他に話したいこともあったようで、すぐにそのことを忘れて過ごしていたようでしたが、私のなかではその日から夫は愛人となりました。

夫を愛人と思い込むと、新婚の時よりもときめき、ケンカも減りました。

私の愛人は毎日、家に来て子どもをかわいがってくれ、生活費までだしてくれるのです。愛人にしておくにはもったいないような私たちの生活への気遣いもあり、最高点でした。

相手が配偶者だと、贈り物もこれがあったら便利だなとか、価格が気になったりと、生活感がにじみ出ますが、愛人に贈り物というのはドキドキするものです。

愛人が料理したあとの、油が飛び散ったガスレンジ、食べこぼしのスナックのかけらさえ愛しく思うほどで、日常は愛に満ち溢れ、平和になりました。

しかし、この愛人生活は3年を過ぎた頃にすっかり飽きて潮時だと感じました。本当に新鮮なのは1年までです。最高得点の愛人でも、もって3年なのだと思います。あとは同じ過程をたどるものなのだとわかりました。そして、もとの夫婦に戻ることを申し出ました。夫は愛人だということをすっかり忘れて暮らしていたので、「えっ、何言ってるの」というように答えたかと思います。

子どもについても、自分の子どもだと思うと、欲望が溢れ出てきたり、自分の思いどおりにならないとイライラしがちになるので、そんな時は「よその子を預かっている」と思い込んでクールダウンしたり、子どもを大切におもてなししてみたりと、他の方には参考にならないような話が私には山ほどあります。

家族でも、ほどよい距離は大切です。
だれのことも自分のものにすることはできません。

正しいことや自分の思いばかりを主張しすぎると、くだらないケンカが絶えないことに気づきました。

だましだましやって平和を保つこと、成熟するには時間がかかると思って、少し寝かせておくなど工夫するようになってきました。

寝かせておいた梅酒が美味しいなら、人間だって少し寝かせたほうが深みを増していることがあると思います。

ミニマリストの家族との付き合い方

スキあらば、夫を私の考え方に洗脳したい
と思う時もありますが、今のところ難しそうです。
夫の曲げたくても曲がらないところが
輝いて見えることも事実です。
同じ考え、同じやり方で足並みを揃えるよりも
私たちらしくて素敵なはずだと信じています。

去年の夏は、行きつけの公園を軽井沢と思い込んでテニスをするのにハマっていたので、テニス用の白いＴシャツを、リサイクルショップで１００円で購入しました。

その日、夫も美しい紙バッグを提げて帰宅したので、買ったものを聞くと、素敵なシャツ、１万円とのことでした。

私の服の１００倍の価格の服を着ている夫に、クラクラしました。

１００倍差は理不尽にも思えたので、近所の方に「夫が私の服の１００倍の価格の服を着ている」と怒りながら話したところ、「住む世界が違うのよ」と言われました。

ミニマルな生活に、いっしょに暮らす家族が適応してくれるかくれないか。ミニマリストをめざす人にとっては、とても大きなテーマです。

あるミニマリストの方は、最初は家族から大いに反発を受けましたが、めげずに数年かけて価値観の共有に成功。今ではいっしょにものがなくお金を使わない暮らしを楽しく追求しているそうです。

これは理想のパターンのように感じます。勝手にメラメラとライバル心を抱き、挑戦してみたこともありますが、私にはできそうにありません。たとえ家族といっても、人の価値観、生き方を変えるのは、そう簡単ではないからです。

夫は私の最大の理解者でもありますが、価値観が合わないところは最難関でめんどくさいとも思っています。

試行錯誤の末、私は、違う価値観同士がだましだまし、侵略しあいながら共存する道を進むことに決めました。

価値観が違うことは悪いことではありません。むしろ違うほうがいろいろなことを学べます。「同じ」ことへのこだわりは捨てて「平和」に向けて、苦労して試行錯誤する過程が輝いていると信じています。

弱っている時は互いにぶつからないよう漂って、体力がある時には向き合ってガッンと言い合います。ケンカすると、たいていお互い「自分が勝った」と思って終了しています。

自分の思いを大切にすることは、相手と向き合うスタンスにもつながると思います。自分の気持ちを殺して従っても、相手の気持ちを潰して自分に同化させても、とてもつまらないことだと思います。

まずは自分の思いを大切にできること、その感覚があれば、相手もどのくらい大切にしているかを想像することができます。考え方が全然違うとしても、ベースにお互いの価値観を尊重する思いを持つことができます。

逆に「あなたのために」とか言われると全力で向き合えなくなります。

50㎡の小さな空間のなかに、これほど違う世界があるというのはすごいことなので す。

「一人の充実時間」を大切にするとうまくいく

ピアノに没頭したり。お茶を習ったり。
ミニマルな生活で自分のための時間が増えました。
一番良かったことは
私自身が他人にやさしくなれたことかもしれません。

私がミニマリストをめざし始めた時期には、私たち夫婦は同じ方向どころか、お互い逆方向に全力で走っていくような感覚がありました。夫のスーツは増え、私の服は減っていくような感じです。

たくさんのものを手放し続ける私に、夫は「ものを否定している」と言っていました。私の思いは全く逆です。ものをこれ以上無駄殺しにはできない、輝けるところに次々に放出しなければとも考えていたのです。

夫の理解を得るよりも、やってしまってから謝ろうと、どんどん放出し続けました（夫個人のものは無理に捨てずに夫にまかせました）。苦労して手に入れたものをどんどん放出していくうちに、部屋は瞬く間に広くなっていきました。最終的に夫は「なんだか広くなったね」「きれいになったね」と言っていましたし、私があけたスペースを夫が使えるようになったこともあり、思ったほどの混乱はなかったと思います。「狭い」「こうしたら良かった」などと愚痴っていた時よりも、必死で引き出しを整理したり、床を磨いたりする私の労働の姿は、有無を言わせぬ説得力があったのだと も思います。

シンプル料理については、夫はオイリーな料理を好まないこともあり、作るほうの私が「みんな一緒に栄養満点、たくさんの品目を食べる食卓」へのこだわりを捨てたことが、むしろ良かったようです。もともと夫は体が疲れた時にはパンとチーズ、トマトがあれば満足な人。がっつりの肉料理などを出して残されると、「作った人の気持ちを考えないの？」と詰問していた私から自由になれて、表情も和らいでいるように感じられます。

広告や人の話で「夫婦仲良し時間」を見聞きすると、焦って自分でもそんな時間を演出しようとしていましたが、**お互いの「一人」の時間を尊重することが、「2人の関係」を深められることがあると思います。**夫にとっても私にとっても一人になって自分のことに集中する時間は贅沢です。

一人の時間があるおかげで、楽しいとともに人恋しい気持ちも湧いてきます。相手がいることのありがたさ、苦しみ、喜び、いろいろな想いを再確認できます。

「こだわり」「ポリシー」「自分らしさ」に固執しないミニマリストになりたい

子どもは、価値観の違う夫婦のあいだですくすくと育っています。
新品もお下がりも
ごちゃ混ぜに与えられて育っていますが、
そのなかから素敵だと思うものを
それぞれ感じて欲しいと思います。

現在、子どもは10歳になりました。ものを持たない生活については、大人があれこれ不憫だ、不便だとか思うよりも、ごく自然なこととして捉えているようです。友達ともいろいろ考えた遊びを一緒に楽しんだり、家にあるもので工夫して遊んでいます。

困ったことはひとつだけです。学校の社会の宿題で、昔と現代の暮らしの違いを選ぶ問題で、電子レンジが近代、現代の選択肢になるものでしたが、家には電子レンジも炊飯器も掃除機もないので本気で思い悩んでいました。宿題でその類の問題が出ると頭を抱え、うんうん悩んでいました。その時だけは、子どもを気の毒に思いました。その時は、もしそういう問題が出たら、おじいちゃんの家やお友達の家を思い出すように伝えて、宿題やテストを乗り切りました。

子どもは、私に「大事なものは何かを深く考えさせ、飾らずに相手も自分も生き生きと暮らすことの意味を教えてくれた」人生の師匠です。立派に「教える」親をめざすと私には限界があるので悩みます。今は、迷いながら一緒に育つ親でいられればと思っています。

猫も私の師匠です。もともと捨て猫で、一匹でにゃあにゃあ鳴いているのを保護されたそうです。子どもと焼き鳥屋の前でケンカし、目を背けた時に里親募集の貼り紙を見つけました。

夜に届けると言われ、ドキドキしながら待っていました。部屋のドアを開けると紙袋を持った方が立っていました。小動物用のケージで現れることを予測していた私は、今日は無理だから菓子折りか何かなのかなと思いました。部屋に入っていただくと、紙袋のなかからもぞもぞ動く洗濯網が出てきました。そのなかにいたのが私の猫です。

尻尾は曲がったかぎ尻尾です。曲がった尻尾は尻尾の短い親と長い親の子どもだと聞いたことがありますが、幸運を引っ掛けるかぎ尻尾とも呼ばれるようです。「曲がった尻尾」、洗濯網に入ってやってきた「野良猫ブランド」の唯一無二の存在です。

猫は気ままで自分の欲望に忠実です。餌が欲しいと朝の4時でも私の頭をバシンと叩く姿にたくましさを感じます。女性のお客様が来ると威嚇(いかく)して勝とうとし、男性が来るとカーテンの陰で震える姿は、正直でいることの魅力を教えてくれます。いつも自分の舌と前脚だけで、きれいに毛づくろいし、清潔です。お日様が大好きで気持ち良く眠れるだけで、幸せそうです。大きな段ボールと小さな段ボールを与えると、いつも小さなものを選び、はみ出ながら収まっています。「立派なもの」より「自分の好きなもの」がわかっています。

「立派」「他者に評価される」「素敵な自分」など、人としてどうあるかにこだわってやりすぎている時に、猫の「我関せず」で寝ることに没頭している姿を見ていると、そういえば私は「飼い主」「妻」「親」「女」「中年」「人間」「哺乳類」「生き物」だったと自分のいろいろな肩書きを思い出します。

自分自身を縛りがちな「こだわり」「ポリシー」「自分らしさ」からも自由になること。猫のように自然や時の流れのなかでその時ごとに変化していくこと。そして価値観の違う人と一緒に生き生きと暮らしていけるミニマリストになるのが私の夢です。

おわりに

だれかに作られた幸せの価値観に自分を合わせるのは、窮屈で退屈です。たいていの作りものの幸せの価値観には、「売る」目的が隠れています。

たくさん捨てる行動は、私たちの動物としての喜びのカテゴリーに入らない行動なのではないでしょうか。私もたくさん捨てて傷ついてきました。捨てる時に、地球のどこかでは、コレがあれば助かる人がいるだろうと気づいているからです。人間が群れを作って生きる動物なら、分け合う喜びや使命感を強く感じるはずです。

私は「捨てる」から、一歩先へ進みます。「溜め込む」からは、もっともっと先へ進みます。

いろいろ投げ捨て、進むために、だれか道筋を教えてくださいとも思いましたが、だれかに熱く語ってみても、「もったいない」「お金より大切なものがある」「いざという時に困る」そんなまっとうな言葉たちが私の足元をぐらつかせるばかりでした。

求めている答えをだれも教えてくれないなら、自分で探すしかない、そう考えてブログで実践のなかで見つけたことを、発信することに決めました。1年ほど前のことです。

「ない」ほうが自分が清潔になり、お金が貯まっていく。私は確実に私の幸せに近づいていています。私が若い頃に気づけなかったことを、私のようにしっくりこないだれかに伝えたいと思いました。自分と話すような気持ちでもありました。

バケツと雑巾で床を磨いていると、いろいろなことを思い出します。爪は短く切ること。外で遊びなさい。疲れたら寝なさい。そんな子どもの頃に大人に言われてきたことが本当に大切だったのだと思います。私が受け取ったそんな温かい気持ちをだれかに伝えたい、頼まれてもいないのに、自分のようなだれかをむやみに応援したい気持ちでした。

今考えてみると、そんな風にひたすらブログを書いた時間に自分が育てられていたことに気づきます。

こんな最後の最後まで、読んでくださった方に感謝の気持ちを贈ります。ものを捨てたり、片付けている時に傷ついたり迷ったりするなかで、私が見つけた「輝き」を少しでも共有できたら、それが私の宝物です。

「未来のゴミ」はもう買わない。「便利」「得する」情報ではなく、「なくても大丈夫」という「安心」と「希望」で、もっともっと輝いて先へ進めると信じています。

文庫版　おわりに

この本を手にとっていただいて本当にありがとうございます。

2017年にはじめて元の本を書いてから時が流れて2024年になりました。いろんなことが変わりました。例えば夫のことを「主人」と書いていたのですが、その言葉になんとなく違和感を感じ、今回すべて「夫」に修正しました（それ以外はほぼ当時の原稿そのままです）。「夫」という言葉を使ってるなとか、2017年頃の中古市場はまだまだ成長途中という感じでしたが、今は環境への配慮とか、新しいものからも古いものからも「自分に合ったもの」を見つけるおもしろさが広がって、セカンドハンドのものを使う人がどんどん増えました。

小さかった子どもも、もうすぐ成人です。子どもが風邪を引いたらどうしようという不安で、次の日に着る服を着て寝ていたというおかしくも壮絶な頃に、ミニマルライフで生活を立て直していなければ私はどうなっていたんだろうと時々考えます。ぐちゃぐちゃの家の中で世を恨み、自分をキライと思い、自分の暮らしを思うと悲しい気持ちで絶望的な40代を送っていたこと間違いなしです。

ずっと前の私は自分の暮らしが「ひたすらつまんない」と思っていました。働いたお金と時間をつぎ込んで、休日には混み合った街に出掛けて、しゃかりきに買って、手に入れたモノで家の中はあふれて、掃除や片付けに追われて、たくさんの服があるのにどれにも満足できませんでした。冷蔵庫にはいつも食べきれない食材があって使いきれなかったし、周りの人たちがみんなスマートに上手くできていると思っていました。我慢しているのにいろんなことが上手くこなせなくて、周りの人が楽しそうでうまくいっているように思えて妬(ねた)んでいました。

そういう自分がイヤでした。

その負のループは自分で変えるしかない、私にとって本当に大切なものってなんだろうと始めたミニマルライフで考え方も習慣も変わりました。

大変だった暮らしを、ミニマルライフで立て直したい一心で思いっきり迷走していたことを懐かしく楽しく思い出しますが、変わらないものも確かにあって「モノの少ないミニマルライフ」を始めてから感じるようになった深い安心や楽しさ、満足感は今なお変わらないし深まっています。

住んでいるところは同じですが、私のマンションの中も変わりました。実はモノがちょっと増えましたとか書きたいところですが、さらに家具もモリモリ捨ててソファも本棚もテレビも捨てました。

ミニマルライフを2017年は「大好き」でしたが、2024年では「愛してる」に深まりました。掃除機も電子レンジも炊飯器もテレビもないミニマルライフを熱烈に愛していて深まるばかりです。

ミニマルライフと検索したりすると「空間の余白」という言葉が出てきますが、その何が良いかというと「解放感!!!」の一言に尽きます。こうしなくちゃ、あれがなくちゃと複雑化していく頭の中と暮らしの中をどーんと片付けちゃおう、捨てられるものを片っ端から捨てちゃおう、難しいことを全部やめちゃえというような気持ちで始めたミニマルライフを今も私は続けています。シンプルでカンタンですっごい解放感!　は私にとても合っています。

私が2017年に書いたミニマルライフは、今読んでもちょっとおかしいところがあって自分でも迷走しているな〜と思うのですが、それを私はさらに深めて継続しています。ミニマルライフのおもしろさをこれからも伝えられたらいいです。

この本を最後まで読んでいただいて嬉(うれ)しいです。本当にありがとうございます!

本書は、二〇一七年六月に小社より刊行された
単行本を加筆修正のうえ、文庫化したものです。

撮影：伊東武志
編集協力：藤本仁、石塚ともか

「捨てる」と、お金も時間も貯まる

家事に絶望する私を救うミニマルな暮らし

森 秋子

令和6年 3月25日 初版発行

発行者●山下直久

発行●株式会社KADOKAWA
〒102-8177 東京都千代田区富士見2-13-3
電話 0570-002-301(ナビダイヤル)

角川文庫 24079

印刷所●株式会社暁印刷
製本所●本間製本株式会社

表紙画●和田三造

●お問い合わせ
https://www.kadokawa.co.jp/（「お問い合わせ」へお進みください）
※内容によっては、お答えできない場合があります。
※サポートは日本国内のみとさせていただきます。
※Japanese text only

ISBN 978-4-04-114683-5 C0177

◇◇◇

角川文庫発刊に際して

角川源義

第二次世界大戦の敗北は、軍事力の敗北であった以上に、私たちの若い文化力の敗退であった。私たちの文化が戦争に対して如何に無力であり、単なるあだ花に過ぎなかったかを、私たちは身を以て体験し痛感した。西洋近代文化の摂取にとって、明治以後八十年の歳月は決して短かすぎたとは言えない。にもかかわらず、近代文化の伝統を確立し、自由な批判と柔軟な良識に富む文化層として自らを形成することに私たちは失敗して来た。そしてこれは、各層への文化の普及滲透を任務とする出版人の責任でもあった。

一九四五年以来、私たちは再び振出しに戻り、第一歩から踏み出すことを余儀なくされた。これは大きな不幸ではあるが、反面、これまでの混沌・未熟・歪曲の中にあった我が国の文化に秩序と確たる基礎を齎らすためには絶好の機会でもある。角川書店は、このような祖国の文化的危機にあたり、微力をも顧みず再建の礎石たるべき抱負と決意とをもって出発したが、ここに創立以来の念願を果すべく角川文庫を発刊する。これまで刊行されたあらゆる全集叢書文庫類の長所と短所とを検討し、古今東西の不朽の典籍を、良心的編集のもとに、廉価に、そして書架にふさわしい美本として、多くのひとびとに提供しようとする。しかし私たちは徒らに百科全書的な知識のジレッタントを作ることを目的とせず、あくまで祖国の文化に秩序と再建への道を示し、この文庫を角川書店の栄ある事業として、今後永久に継続発展せしめ、学芸と教養との殿堂として大成せんことを期したい。多くの読書子の愛情ある忠言と支持とによって、この希望と抱負とを完遂せしめられんことを願う。

一九四九年五月三日

角川文庫ベストセラー

正義のセ
ユウズウキカンチンで何が悪い！
阿川佐和子

東京下町の豆腐屋生まれの凜々子はまっすぐに育ち、やがて検事となる。法と情の間で揺れてしまう難事件、恋人とのすれ違い、同僚の不倫スキャンダル……山あり谷ありの日々にも負けない凜々子の成長物語。

正義のセ 2
史上最低の三十歳！
阿川佐和子

女性を狙った凶悪事件を担当することになり気合十分の凜々子。ところが同期のスキャンダルや、父の浮気疑惑などプライベートは恋のトラブル続き！　しかも自信満々で下した結論が大トラブルに発展し⁉

正義のセ 3
名誉挽回の大勝負！
阿川佐和子

小学校の同級生で親友の明日香に裏切られた凜々子。さらに自分の仕事のミスが妹・温子の破談をまねいていたことを知る。自己嫌悪に陥った凜々子は同期の神蔵守にある決断を伝えるが……⁉

正義のセ 4
負けっぱなしで終わるもんか！
阿川佐和子

尼崎に転勤してきた検事・凜々子。ある告発状をもとに捜査に乗り出すが、したたかな被疑者に翻弄されて取り調べは難航し、証拠集めに奔走する。プライベートではイケメン俳優と新たな恋の予感⁉

ことことこーこ
阿川佐和子

離婚した香子が老父母の暮らす実家に戻ると、母・琴子に認知症の症状が表れていた。弟夫婦は頼りにならず、香子は新しく始めたフードコーディネーターの仕事と介護を両立させようと覚悟を決めるが……。

角川文庫ベストセラー

ブータンしあわせ旅ノート 岸本葉子

国民の幸福度が高いことで知られるアジアの秘境ブータン。豊かな自然と温かな笑顔に満たされつつも、停電の夜の寒さや親切過ぎる人々に戸惑うことも。「幸せの国」の魅力をありのままに綴る旅エッセイ。

「和」のある暮らししています 岸本葉子

効き目はスローだけど安全な納豆菌、保存料いらずのぬか床、保温性抜群の土鍋。毎日の暮らしに無理なく取り入れられる、日本人の生活の知恵を大紹介。「和のチカラ」の良さを再発見できる生活提案エッセイ。

水やりはいつも深夜だけど 窪美澄

思い通りにならない毎日、言葉にできない本音。それでも、一緒に歩んでいく……だって、家族だから。もがきながらも前を向いて生きる姿を描いた、魂ゆさぶる6つの物語。対談「加藤シゲアキ×窪美澄」巻末収録。

いるいないみらい 窪美澄

いつかは欲しい、でもいつなのかわからない……夫婦生活に満足していた知佳。しかし妹の出産を機に、夫に変化が――(「1DKとメロンパン」)。毎日を懸命に生きる全ての人へ、手を差し伸べてくれる5つの物語。

下に見る人 酒井順子

人が集えば必ず生まれる序列に区別、差別にいじめ。時代で被害者像と加害者像は変化しても「人を下に見たい」という欲求が必ずそこにはある。自らの体験と差別的感情を露わにし、社会の闇と人間の本音を暴く。

角川文庫ベストセラー

子の無い人生　酒井順子

『負け犬の遠吠え』刊行後、40代になり著者が悟った、女の人生を左右するのは「結婚しているか、いないか」ではなく「子供がいるか、いないか」ということ。子の無いことで生じるあれこれに真っ向から斬りこむ。

バブル・コンプレックス　酒井順子

それは「企業のお荷物」なのか、「時代の道化役」なのか、「昭和の最下級生」なのか、「消費の牽引役」なのか。バブル時代に若き日を過ごした著者が自身の心身に染み込んだバブルの汁を、身悶えしつつ凝視！

オトナのたしなみ　柴門ふみ

若い頃の数々のイタイ経験から学んだ漫画家・柴門ふみが、後輩女子に向けて書いたオトナ流儀。『「あるある」がいっぱい！』『まるで自分と夫のよう』等々、共感・納得の声多数の痛快エッセイ集！

誰もいない夜に咲く　桜木紫乃

寄せては返す波のような欲望に身を任せ、どうしようもない淋しさを封じ込めようとする男と女。安らぎを切望しながら寄るべなくさまよう孤独な魂のありようを、北海道の風景に託して叙情豊かに謳いあげる。

ワン・モア　桜木紫乃

月明かりの晩、よるべなさだけを持ち寄って躰を重ねる男と女は、まるで夜の海に漂うくらげ――。どうしようもない淋しさにひりつく心。切実に生きようともがく人々に温かな眼差しを投げかける、再生の物語。

角川文庫ベストセラー

砂上　桜木紫乃

守るものなんて、初めからなかった——。人生のどん詰まりにぶちあたった女は、すべてを捨てて書くことを選んだ。母が墓場へと持っていったあの秘密さえも……。直木賞作家の新たな到達点！

温室デイズ　瀬尾まいこ

宮前中学は荒れていた。不良たちが我が物顔で廊下を闊歩し、学校の窓も一通り割られてしまっている。教師への暴力は日常茶飯事だ。三年生のみちると優子は、それぞれのやり方で学校を元に戻そうとするが……。

ありがとう、さようなら　瀬尾まいこ

嫌いな鯖を克服しようとがんばったり、走るのが苦手なのに駅伝大会に出場したり、生徒に結婚の心配をされたり、鍵をなくしてあたふたしたり……。「瀬尾先生」の奮闘する日常が綴られるほのぼのエッセイ。

政略結婚　高殿円

加賀藩主前田斉広の三女・勇は、加賀大聖寺藩主前田利之の次男・利極と結婚。新たな人間関係やしきたりに戸惑いながらも順応していく——。不思議な縁でつながる3人の女性を描いた壮大な大河ロマン！

欲と収納　群ようこ

欲に流されれば、物あふれる。とかく収納はままならない。母の大量の着物、捨てられないテーブルの脚に、すぐ落下するスポンジ入れ。家の中には「収まらない」ものばかり。整理整頓エッセイ。

角川文庫ベストセラー

老いと収納　群ようこ

マンションの修繕に伴い、不要品の整理を決めた。壊れた物干しやラジカセ、重すぎる掃除機。物のない暮らしには憧れる。でも「あったら便利」もやめられない。老いに向かう整理の日々を綴るエッセイ集！

咳をしても一人と一匹　群ようこ

出かけようと思えば唸り、帰ってくると騒ぐ。しおらしさの一つも見せず、女王様気取り。長年ご近所最強のネコだったしい。老ネコとなったしいとの生活を、時に辛辣に、時にユーモラスに描くエッセイ。

エミリの小さな包丁　森沢明夫

恋人に騙され、仕事もお金も居場所もすべて失ったエミリに救いの手をさしのべてくれたのは、10年以上連絡を取っていなかった母方の祖父だった。人間の限りない温かさと心の再生を描いた、癒やしの物語。

水曜日の手紙　森沢明夫

水曜日の出来事を綴った手紙を送ると、見知らぬ誰かから手紙が届く「水曜日郵便局」。愚痴ばかりの毎日を変えたい主婦、夢を諦めたサラリーマン……不思議な手紙が明日を変える、優しい奇跡の物語。

再婚生活　私のうつ闘病日記　山本文緒

「仕事で賞をもらい、山手線の円の中にマンションを買い、再婚までした。恵まれすぎだと人はいう。人にはそう見えるんだろうな。」仕事、夫婦、鬱病。病んだ心と身体が少しずつ再生していくさまを日記形式で。